S. Roig Calvo

Edward Hallett Carr:

La revolución rusa:
De Lenin a Stalin, 1917-1929

BIBLIOTECA
FUNDAMENTAL
DE NUESTRO
TIEMPO

ALIANZA EDITORIAL

CLUB INTERNACIONAL DEL LIBRO
S. A. DE PROMOCION Y EDICIONES

Título original: *The Russian Revolution from Lenin to Stalin (1917-1929)*
Traductor: Ludolfo Paramio

Primera edición en «El Libro de Bolsillo»: 1981
Segunda edición en «El Libro de Bolsillo»: 1983
Tercera edición en "Biblioteca Fundamental de Nuestro Tiempo»: 1984
Cuarta edición en «Biblioteca Fundamental de Nuestro Tiempo»: 1985

Calle Milán, 38; ☎200 00 45
Distribuidor exclusivo de la colección
«Biblioteca Fundamental de Nuestro Tiempo»:
Club Internacional del Libro
S. A. de Promoción y Ediciones
C/ Marqués de Monteagudo, 18
ISBN: 84-206-9204-2
Depósito legal: M. 22.372-1985
Impreso en: GREFOL, S. A.,
Pol. II - La Fuensanta
Móstoles (Madrid)
Encuadernado por: Larmor, S. A.
Printed in Spain

Prólogo

La larga *Historia de la Rusia soviética* que me ha ocupado durante los pasados treinta años, y que acaba de completarse en cuatro partes, *La revolución bolchevique, 1917-1923, El interregno, 1923-1924, El socialismo en un solo país, 1924-1926* y *Bases de una economía planificada, 1926-1929,* se basa en investigaciones muy detalladas y está pensada para especialistas. Se me ocurrió que podría tener sentido destilar esta investigación en un libro corto de tipo muy diferente, sin refinamientos académicos tales como notas al pie o referencias a las fuentes, pensado para el lector común y para el estudiante que busca una primera introducción al tema. El resultado es esta breve historia. Las diferencias de escala y propósito significan que ésta es una redacción sustancialmente nueva. Apenas si una frase de la obra original reaparece en la nueva sin cambios.

La revolución rusa: de Lenin a Stalin, 1917-1929 cubre el mismo período que la historia larga. Este es un período sobre el cual, a diferencia de los años posteriores, disponemos de un amplio número de fuentes soviéticas de la época. Es también un período que contiene en embrión buena parte del curso ulterior de la historia soviética; se necesita comprender lo que sucedió entonces para comprender lo que sucedería después. Describir los años veinte en términos de una transición de la revolución rusa de Lenin a la revolución rusa de Stalin es, sin duda, una simplificación excesiva. Pero permite personificar un importante proceso histórico, cuya conclusión yace todavía en un futuro imprevisible.

Los muchos amigos y colegas cuyos nombres se citan en los prefacios de los sucesivos volúmenes de la historia larga también merecen agradecimiento aquí como colaboradores indirectos en esta obra. Estoy especialmente en deuda con el profesor R. W. Davies, que colaboró conmigo en el primer volumen de *Bases de una economía planificada,* por su experta crítica de los capítulos sobre la industrialización y la planificación; y he leído con provecho la concisa *Historia económica de la Unión Soviética* del profesor Alec Nove. Una vez más debo cálido agradecimiento a Tamara Deutscher por su indefectible ayuda en la preparación de este volumen.

7 de noviembre de 1977
E. H. Carr

Lista de abreviaturas

Arcos	All-Russian Cooperative Society (Sociedad Cooperativa Panrusa)
Comintern	Internacional Comunista.
CPGB	Partido Comunista de Gran Bretaña.
Cheka	Comisión extraordinaria.
FOCh	Ferrocarril Oriental Chino.
Glavk(i)	Comité(s) Superior(es).
Goelro	Comisión Estatal para la Electrificación de Rusia.
Gosplan	Comisión de Planificación del Estado.
GPU	Administración Política del Estado.
IKKI	Comité Ejecutivo de la Internacional Comunista.
Jozraschot	Contabilidad Comercial.
Kadete	Demócrata Constitucionalista.
Koljoz(i)	Granja(s) Colectiva(s)
KPD	Partido Comunista Alemán.
Narkomfin	Comisariado del Pueblo para las Finanzas.
Narkomindel	Comisariado del Pueblo para los Asuntos Exteriores.
Narkomprod	Comisariado del Pueblo para los Suministros.
Narkomtrud	Comisariado del Pueblo para el Trabajo.
Narkomzem	Comisariado del Pueblo para la Agricultura.
NEP	Nueva Política Económica.

NMM	National Minority Movement (Movimiento Nacional de la Minoría).
NUWM	National Unemployed Workers' Movement (Movimiento Nacional de Trabajadores en Paro).
OGPU	Administración Política Unificada del Estado.
PCCh	Partido Comunista Chino.
PCF	Partido Comunista Francés.
PCI	Partido Comunista Italiano.
Profintern	Internacional Sindical Roja.
RSFSR	República Socialista Federativa Soviética de Rusia.
Sovjoz(i)	Granja(s) Soviética(s).
Svnarjoz(i)	Consejo(s) de Economía Nacional.
Sovnarkom	Consejo de Comisarios del Pueblo.
SPD	Partido Socialdemócrata Alemán.
SR	Socialistas Revolucionarios.
TsIK	Comité Ejecutivo Central.
URSS	Unión de Repúblicas Socialistas Soviéticas.
USPD	Partido Socialdemócrata Independiente Alemán.
VAPP	Asociación Panrusa de Escritores Proletarios.
Vesenja	Consejo Supremo de Economía Nacional.
VTsIK	Comité Ejecutivo Central Panruso.

1. Octubre de 1917

La revolución rusa de 1917 constituye un punto decisivo en la historia, y bien puede ser considerada por los futuros historiadores como el mayor acontecimiento del siglo XX. Al igual que la revolución francesa, continuará polarizando las opiniones durante mucho tiempo, siendo exaltada por algunos como un hito en la liberación de la humanidad de la opresión pasada, y denunciada por otros como un crimen y un desastre. Representó el primer desafío abierto al sistema capitalista, que había alcanzado su cenit en Europa a finales del siglo XIX. El hecho de que tuviera lugar en el momento más crítico de la primera guerra mundial, y en parte como resultado de esta guerra, fue más que una coincidencia. La guerra había infligido un golpe mortal al orden capitalista internacional tal y como éste había existido antes de 1914, y había revelado su inestabilidad intrínseca. Se puede pensar en la revolución a la vez como consecuencia y como causa del declinar del capitalismo.

Aunque la revolución de 1917 tuvo un significado mundial, también estuvo enraizada en condiciones específicamente rusas. La imponente fachada de la autocracia zarista encubría una economía rural estancada, que había hecho pocos avances sustanciales desde la emancipación de los siervos, y un campesinado hambriento e inquieto. Desde la década de 1860 venían actuando grupos terroristas, con estallidos recurrentes de violencia y represión. En este período tuvo lugar el nacimiento del movimiento *narodnik*, al que sucedería más tarde el Partido Socialista Revolucionario, y cuyo mensaje se dirigía a los campesinos. A partir de 1890, la industrialización comenzó a irrumpir de forma importante en la primitiva economía rusa; y el desarrollo de una clase industrial y financiera de influencia y riqueza crecientes, fuertemente dependiente del capital extranjero, potenció la infiltración de algunas ideas liberales occidentales, que encontraron su más completa expresión en el Partido Kadete (Demócrata Constitucionalista). Pero este proceso se vio acompañado por el crecimiento de un proletariado de obreros fabriles y por los primeros síntomas de conflictividad proletaria; en la década de 1890 tuvieron lugar las primeras huelgas. Estos cambios se reflejaron en la fundación en 1897 de una partido marxista, el Partido Obrero Socialdemócrata Ruso, el partido de Lenin, Martov y Plejanov. El malestar latente surgió a la superficie con las frustraciones y humillaciones de la guerra ruso-japonesa.

La primera revolución rusa de 1905 tuvo un carácter mixto. Fue una revuelta de los liberales y constitucionalistas burgueses contra una autocracia arbitraria y anticuada. Fue una revuelta obrera, desatada por la atrocidad del «domingo sangriento», y que condujo a la elección del primer soviet de diputados obreros de Petersburgo. Fue una extensa revuelta campesina, espontánea y carente de coordinación, a menudo extremadamente cargada de resentimiento y violencia. Estos tres cabos nunca llegaron a entrelazarse, y la revolución fue fácilmente dominada con el coste de algunas concesiones constitucionales, en buena medida irreales. Los mismos factores inspiraron la revolución de febrero de 1917, pero esta vez reforzados y dominados por el cansancio de la guerra y por el descontento general respecto a la forma en que ésta era dirigida. La abdicación del zar era lo único que podía detener la marea de revueltas. La autocracia fue reemplazada por la proclamación de un Gobierno Provisional basado en la autoridad de la Duma. Pero el carácter híbrido de la revolución se hizo una vez más evidente. Al lado del Gobierno Provisional se reconstituyó el soviet de Petrogrado —la capital había cambiado de nombre en 1914— según el modelo de 1905.

La revolución de febrero de 1917 trajo de vuelta a Petrogrado, desde Siberia y desde el exilio en el exterior, a una multitud de revolucionarios anteriormente proscritos. La mayoría de éstos pertenecían a una de las dos ramas —bolchevique y menchevique— del Partido Obrero Socialdemócrata, o al Partido Socialista Revolucionario (SR), y encontraron una plataforma ya dispuesta en el soviet de Petrogrado. El soviet era en cierto sentido un rival del Gobierno Provisional establecido por los partidos constitucionales en la antigua Duma; la expresión «doble poder» fue acuñada para describir esta ambigua situación. Pero la actitud del soviet era mucho menos tajante. El esquema histórico de Marx postulaba dos revoluciones distintas y sucesivas, la burguesa y la socialista. Los miembros del soviet, con pocas excepciones, se contentaban con reconocer en los acontecimientos de febrero la revolución burguesa rusa que establecería un régimen democrático-burgués según el modelo occidental, y posponían la revolución socialista a una fecha futura aún indeterminada. La cooperación con el Gobierno Provisional era la conclusión de este punto de vista, que compartían los dos primeros dirigentes bolcheviques que regresaron a Petrogrado: Kamenev y Stalin.

La dramática llegada de Lenin a Petrogrado a comienzos de abril hizo añicos este precario compromiso. Lenin, en un primer momento casi en solitario incluso entre los bolcheviques, atacó la suposición de que el cataclismo que estaba teniendo lugar en Rusia fuera una revolución burguesa y nada más. El desarrollo de la situación después de la revolución de febrero confirmaría el punto de vista de Lenin de que aquélla no podía mantenerse dentro de límites burgueses. Lo que siguió al colapso de la autocracia no fue tanto una bifurcación de la autoridad (el «doble poder») como una total dispersión de ésta. El sentimiento común a obreros y campesinos, a la vasta mayoría de la población, era de inmenso alivio ante el alejamiento de un íncubo monstruoso, sentimiento que venía acompañado de un profundo deseo de conducir sus propios asuntos a su manera, y de la convicción de que esto era posible, de un modo u otro, y fundamental. Se trataba de un movimiento de masas inspirado por una ola de inmenso entusiasmo y por visiones utópicas de la emancipación de la humanidad de las cadenas de un poder remoto y despótico, y que no estaba interesado en los principios occidentales de democracia parlamentaria y gobierno constitucional proclamados por el Gobierno Provisional. Se rechazaba tácitamente la noción de autoridad centralizada. Por toda Rusia se extendieron los soviets locales de obreros y campesinos. Algunas ciudades y distritos se autoproclamaron repúblicas soviéticas. Los comités obreros de fábrica se atribuyeron el ejercicio exclusivo de la autoridad en su campo. Los campesinos se apoderaron de la tierra y la repartieron entre ellos. Y todo lo demás se eclipsaba ante la demanda de paz, de poner fin a los horrores de una guerra sangrienta y sin sentido. En las unidades militares, grandes y pequeñas, desde las brigadas hasta las compañías, se eligieron comités de soldados, que a menudo pedían la elección de los oficiales y desafiaban su autoridad. En el frente, los ejércitos abandonaron las duras imposiciones de la disciplina militar, y lentamente comenzaron a desintegrarse. Este movimiento general de revuelta contra la autoridad les parecía a la mayor parte de los bolcheviques un preludio del cumplimiento de sus sueños sobre un nuevo orden social; no tenían ningún deseo de detenerlo ni los medios para ello.

Por tanto, cuando Lenin redefinió el carácter de la revolución en sus famosas «tesis de abril», su diagnóstico mostraba a la vez agudeza y visión de futuro. Describía lo que había sucedido como una revolución en transición desde su primera etapa, que había dado el poder a la burguesía, a una segunda etapa, que daría el poder a los obreros y a los campesinos pobres. El Gobierno Provisional y los soviets no eran aliados, sino antagonistas que representaban a clases diferentes. El objetivo a la vista no era una república parlamentaria, sino «una república de los soviets de diputados obreros, campesinos y campesinos pobres en todo el país, de abajo arriba». El socialismo no podía ser introducido inmediatamente, claro está. Pero como primer paso los soviets se harían cargo del control de «la producción social y la distribución». A lo largo de las vicisitudes del verano de 1917, Lenin consiguió gradualmente la adhesión de los seguidores de su partido a este programa. El avance en los soviets fue más lento. Cuando en junio se reunió un Congreso Panruso de los Soviets —el primer intento de crear una organización soviética central con un comité ejecutivo permanente—, de un total de más de 800 delegados los socialistas revolucionarios obtuvieron 285, los mencheviques 248 y los bolcheviques tan sólo 105. Fue en esta ocasión cuando Lenin, respondiendo a un desafío, hizo la afirmación, acogida con gran burla, de que había en el soviet un partido dispuesto a tomar el poder gubernamental: los bolcheviques. Mientras el prestigio y la autoridad del Gobierno Provisional se desvanecían, la influencia de los bolcheviques en las fábricas y en el ejército crecía rápidamente; y en julio el Gobierno Provisional decidió proceder contra ellos bajo la acusación de que realizaban propaganda subversiva en el ejército y actuaban como agentes alemanes. Varios dirigentes fueron detenidos. Lenin huyó a Finlandia, desde donde mantuvo correspondencia regular con el comité central del partido, que ahora trabajaba en la clandestinidad en Petrogrado.

Fue durante esta retirada forzosa de la escena de la acción cuando Lenin escribió uno de sus más famosos escritos, y el más utópico de ellos, *El Estado y la revolución,* un estudio de la teoría del Estado de Marx. Este no sólo había predicado la destrucción del Estado burgués por la revolución proletaria, sino que había previsto, después de la victoria de la revolución y de un período de transición bajo la dictadura del proletariado, el progresivo debilitamiento y la extinción final del Estado. Lo que el proletariado necesita en el momento de su victoria, observaba Lenin, es «un Estado que se extinga, es decir, organizado de tal modo que comience a extinguirse inmediatamente y que no pueda por menos de extinguirse». El Estado ha sido siempre un instrumento de dominación y opresión de clase. La sociedad comunista sin clases y la existencia del Estado son incompatibles. Lenin lo resumía en un aforismo de su propio cuño: «Mientras existe el Estado, no existe libertad. Cuando haya libertad, no habrá Estado.» Lenin no sólo era un profundo conocedor de Marx, sino que tenía un oído sensible al sentir revolucionario de los obreros y campesinos, cuyo entusiasmo se inflamaba ante la perspectiva de escapar a las cadenas de un Estado poderoso y omnipresente. *El Estado y la revolución* es una notable síntesis de las enseñanzas de Marx y las aspiraciones dc las masas carentes de instrucción. El partido apenas aparece en sus páginas.

En septiembre, tras el abortado intento de toma del poder del general derechista Kornilov, los bolcheviques obtuvieron la mayoría en los soviets de Petrogrado y Moscú. Lenin, tras algunas vacilaciones, resucitó la consigna «Todo el poder para los soviets», que suponía un desafío directo al Gobierno Provisional. En octubre regresó disfrazado a Petrogrado para asistir a una reunión del comité central del partido. Persuadido por él, el comité decició, con las únicas opiniones en contra de Zinoviev y Kamenev, preparar una inmediata toma del poder. Los preparativos fueron llevados a cabo principalmente por un comité militar revolucionario que había sido creado por el comité central del Congreso de los Soviets, y que se encontraba ahora firmemente en manos de los bolcheviques. Trotski, que se había unido a los bolcheviques tras su regreso a Petrogrado en el verano, desempeñó un importante papel en la planificación de la operación. El 25 de octubre (del viejo calendario, equivalente al 7 de noviembre del calendario occidental, que sería introducido unos meses más tarde), la Guardia Roja, formada principalmente por obreros industriales, tomó posiciones estratégicas en la ciudad y avanzó sobre el Palacio de Invierno. Fue un golpe sin sangre. El Gobierno Provisional se vino abajo sin resistencia. Algunos de los ministros fueron detenidos. El primer ministro Kerenski huyó al extranjero.

La fecha del golpe había sido fijada para coincidir con el II Congreso Panruso de los Soviets de Diputados Obreros y Soldados, que comenzó en la tarde del día siguiente. Los bolcheviques tenían ahora la mayoría —399 sobre un total de 649 delegados—, y asumieron la dirección del acto. El congreso proclamó la disolución del Gobierno Provisional y el paso de la autoridad a los soviets, y aprobó por unanimidad tres importantes decretos, los dos primeros a propuesta de Lenin. El primero era una proclama, en nombre del «Gobierno Obrero y Campesino», que proponía a todos los pueblos y gobiernos beligerantes el comienzo de negociaciones en pro de una «paz justa y democrática», sin anexiones ni indemnizaciones, y pedía particularmente «a los obreros conscientes de las tres naciones más adelantadas de la humanidad» —Inglaterra, Francia y Alemania— su ayuda para poner fin a la guerra. El segundo era un decreto sobre la tierra, e incluía un texto redactado por los socialistas revolucionarios, que respondía a las aspiraciones pequeño-burguesas del campesino antes que a las teorías bolcheviques a largo plazo sobre la socialización de la agricultura. La propiedad de los terratenientes era abolida sin compensación; tan sólo la tierra de los «simples campesinos y cosacos» quedaba libre de confiscación. La propiedad privada de la tierra quedaba abolida a perpetuidad. El derecho a usar la tierra se concedía a «todos los ciudadanos del Estado ruso (sin distinción de sexo) que deseen trabajarla ellos mismos». Los derechos sobre los minerales, y otros derechos de tipo subsidiario, quedaban reservados al Estado. La compra, venta y arrendamiento de la tierra, así como el empleo de trabajo asalariado, quedaban prohibidos. Esto era un fuero para el pequeño campesino independiente que cultivara su parcela de tierra con su propio trabajo y el de su familia, sirviendo primariamente sus propias necesidades. La resolución final de la cuestión de la tierra se reservaba para la futura Asamblea Constituyente. El tercer decreto, propuesto por Kamenev, que presidía la sesión, creaba un Consejo de Comisarios del Pueblo (Sovnarkom), como Gobierno Provisional Obrero y Campesino que gobernaría el país bajo la autoridad del Congreso Panruso de los Soviets y de su comité ejecutivo hasta la formación de la Asamblea Constituyente.

Estas proclamaciones tenían varios rasgos distintivos. Pocas horas antes, Lenin había cerrado su intervención ante el soviet de Petrogrado con estas audaces palabras: «En Rusia debemos ocuparnos de la construcción del Estado socialista proletario.» En los decretos del Congreso de los Soviets, más formales, los conceptos de «Estado» y «socialismo» permanecieron entre bastidores. En medio del entusiasmo de la victoria, cuando el viejo Estado y sus correspondientes males estaban siendo barridos, nadie ansiaba enfrentarse al problema de la construcción de un nuevo Estado. La revolución era internacional, y no tenía en cuenta las fronteras nacionales. El Gobierno Obrero y Campesino carecía de definición o designación territoriales: la extensión última de su autoridad no podía ser prevista. El socialismo era un ideal del futuro; Lenin afirmó, al presentar el decreto sobre la paz, que la victoria del movimiento obrero abriría «el camino hacia la paz y el socialismo». Pero ninguno de los decretos mencionaba al socialismo como fin o propósito de la revolución: el contenido de ésta, al igual que su extensión, se verían en el futuro.

Finalmente, el gesto de deferencia hacia la autoridad última de la Asamblea Constituyente, que visto de forma retrospectiva resulta singularmente ilógico, fue aceptado sin objeción. Entre febrero y octubre, tanto el Gobierno Provisional como los soviets habían pedido la formación de una asamblea constituyente, procedimiento democrático tradicional para la redacción de una nueva constitución; y las elecciones se habían fijado para el 25 de noviembre. Lenin no deseaba suspenderlas, o no se sentía suficientemente fuerte para hacerlo. Como cabía esperar en un electorado predominantemente rural, el voto dio la mayoría absoluta a los socialistas revolucionarios, con 267 de 520 diputados; los bolcheviques obtuvieron 161, sumando el resto un gran número de grupos minoritarios. Cuando los diputados se reunieron en enero de 1918, el Gobierno Obrero y Campesino estaba firmemente establecido en Petrogrado, y era improbable que abdicara en favor de un cuerpo que representaba los confusos sentimientos de las áreas rurales dos meses antes. Bujarin habló de «la línea que en este momento divide a esta asamblea en [...] dos campos irreconciliables, de principio [...] a favor del socialismo o contra el socialismo». La asamblea escuchó mucha oratoria poco concluyente. Avanzada la noche se levantó la sesión; y el Gobierno impidió por la fuerza que volviera a reanudarse. Este fue un momento decisivo. La revolución había dado la espalda a las convenciones de la democracia burguesa.

La primera consecuencia de la revolución que afectó al mundo occidental, despertando horror e indignación, fue la retirada de la guerra y la deserción del campo aliado en el desesperado clímax de su lucha con Alemania. Cuando esta traición imperdonable vino seguida por medidas como el repudio de las deudas de anteriores gobiernos rusos y la expropiación de los terratenientes y propietarios de fábricas, y cuando la revolución se presentó a sí misma como primera etapa de una revolución destinada a extenderse por Europa y por el mundo, se reveló como un ataque fundamental al conjunto de la sociedad capitalista occidental. Pero esta amenaza no fue tomada muy en serio. Pocas personas imaginaron en un principio en Occidente que el régimen revolucionario pudiera sobrevivir en Rusia más allá de unos pocos días o semanas. Los mismos dirigentes bolcheviques no creían poder sostenerse indefinidamente, a menos que los trabajadores de los países capitalistas acudieran en su ayuda levantándose contra sus propios gobiernos.

Este escepticismo no carecía de fundamento. La autoridad del Gobierno Obrero y Campesino apenas si se extendía más allá de Petrogrado y unas pocas grandes ciudades más. Incluso en los soviets los bolcheviques no disponían de un apoyo unánime; y era difícil saber hasta cuándo el Congreso Panruso de los Soviets —única autoridad central soberana— sería reconocido por los soviets locales que habían brotado por todo el país, por los comités de fábrica que ejercían el «control obrero» en las fábricas, o por los millones de campesinos que ahora regresaban en tropel a sus casas desde el frente. Los burócratas, los directivos y los técnicos a todos los niveles habían entrado en huelga, y se negaban a servir al sedicente nuevo gobierno. Las fuerzas armadas a disposición del régimen consistían en un núcleo de unos pocos miles de guardias rojos y en algunos batallones letones leales que habían sobrevivido a la desintegración de los ejércitos imperiales que lucharon en la guerra. A las pocas semanas de la revolución, en las regiones del Don, el Kubán y los Urales se estaban organizando ejércitos cosacos comprometidos a su derrocamiento. Para los bolcheviques había sido fácil derribar al raquítico Gobierno Provisional. Sustituirlo, establecer un control efectivo sobre el caos en el que estaba sumergido el vasto territorio del difunto Imperio ruso, y crear un nuevo orden social que enlazara con las aspiraciones de las masas obreras y campesinas que habían visto en los bolcheviques a sus salvadores y liberadores, era una tarea mucho más formidable y compleja.

2. Los dos mundos

El primer acto constitucional que dio una denominación territorial al Gobierno Obrero y Campesino fue la Declaración de Derechos del Pueblo Trabajador y Explotado, aprobada por el III Congreso Panruso de los Soviets en enero de 1918, contrapartida bolchevique de la Declaración de Derechos del Hombre y del Ciudadano promulgada por la revolución francesa. Se proclamaba en ella que Rusia era una República de los Soviets de Diputados Obreros, Soldados y Campesinos, a lo cual se añadía que «la República Soviética Rusa se funda sobre la base de la libre unión de naciones libres, como federación de repúblicas nacionales soviéticas». La forma de las palabras preservaba las intenciones internacionales del régimen revolucionario. La revolución era esencialmente internacional; implicaba la sustitución de la guerra entre potencias rivales por la guerra de clases. Pero la promoción de la revolución mundial era también una primera necesidad para el régimen soviético en lucha. Era la única arma de la que disponían los bolcheviques frente a las potencias imperialistas en orden de batalla; y sin una revolución, al menos en los principales países beligerantes, el régimen difícilmente podía esperar sobrevivir. No se podía hacer ninguna distinción entre los dos campos beligerantes; ambos eran igualmente abanderados del orden capitalista que la revolución trataba de destruir. Por tanto, en un primer momento, cualquier concepción de política exterior diferente de la propaganda en favor de la revolución fue ajena al pensamiento bolchevique. Trotski, primer comisario del Pueblo para los Asuntos Exteriores, observó de forma epigramática: «Lanzaré unas pocas proclamas revolucionarias a los pueblos del mundo, y después cerraré la tienda.»

Las realidades exteriores, sin embargo, pronto disiparon esta visión, e impusieron a la república soviética en lucha el papel de Estado nacional en un mundo de Estados nacionales. La llamada a unas negociaciones de paz, dirigida a las naciones en guerra, cayó en oídos sordos. Era necesario hacer algo respecto a las relaciones con Alemania, cuyos ejércitos habían penetrado profundamente en territorio ruso y aún estaban realizando acciones de guerra. Uno de los primeros actos del nuevo gobierno fue concluir un armisticio con el gobierno imperial alemán y pedir la paz. En febrero de 1918 comenzaron las negociaciones de paz en Brest-Litovsk. Trostki, que encabezaba la delegación soviética, prescindió ostensiblemente de las prácticas tradicionales de la diplomacia, apeló a los pueblos beligerantes saltando por encima de sus gobiernos, realizó abiertamente propaganda antibélica entre las tropas alemanas, y puso en dificultades a la delegación alemana al insistir en la petición de «una paz sin anexiones ni indemnizaciones», petición que los alemanes aceptaban pretendidamente en sus tratos con los aliados occidentales.

Pero la intransigencia y la abrumadora superioridad de las armas alemanas presentaban un dilema sin salidas. Trotski no podía reconciliar esto con sus principios revolucionarios para firmar un tratado humillante con una potencia imperialista: algo que Lenin llegaría a ver como inevitable. Por otra parte, su sentido de la realidad no le permitía apoyar las demandas de Bujarin y otros «comunistas de izquierda» en pro del relanzamiento de la «guerra revolucionaria». Ideó la fórmula: «Ni paz ni guerra.» Sin embargo, cuando los alemanes reanudaron su avance, nada impresionados por esta excentricidad tan poco diplomática, el dilema volvió a presentarse de forma aún más grave. De mala gana Trotski unió su voto al de Lenin para aceptar lo que el mismo Lenin llamaba una paz «vergonzosa», que implicaba el abandono de Ucrania y de otras extensas áreas del antiguo territorio ruso, y presentó su dimisión como comisario del Pueblo para los Asuntos Exteriores. El tratado se firmó el 3 de marzo de 1918, y el avance alemán se detuvo. Simultáneamente con las negociaciones de Brest-Litovsk se establecieron contactos informales —y estériles— con representantes ingleses, franceses y norteamericanos, con la esperanza de solicitar ayuda occidental contra los alemanes. Esta apertura a los gobiernos capitalistas, tanto como la firma del tratado de Brest-Litovsk, fue amargamente lamentada, en cuanto derogación de los principios internacionales de la revolución, por una minoría sustancial del comité central del partido, encabezada por Bujarin; y se requirió toda la influencia de Lenin para asegurar su aprobación.

Las lecciones de la impotencia militar fueron aprendidas por los dirigentes bolcheviques. El 23 de febrero de 1918, antes incluso de la firma del tratado de Brest-Litovsk, nació el Ejército Rojo, originalmente llamado «Ejército Rojo Obrero y Campesino»; esta fecha se ha celebrado desde entonces anualmente como la del nacimiento del Ejército Rojo. Su nombre pretendía indicar su carácter y propósito internacional y revolucionario. Pero la proclama anunciando su fundación llevaba el encabezamiento «La patria socialista está en peligro», de forma que su nacimiento estuvo presidido por una conciencia tan nacional como internacional. Trotski fue nombrado comisario del Pueblo para la Guerra, con la tarea de organizarlo. Era demasiado realista para suponer que se podía construir un ejército con simples reclutas sin entrenamiento. Su primera respuesta a la emergencia fue reclutar soldados profesionales, antiguos oficiales zaristas a los que oficialmente se hacía referencia como «especialistas militares», para entrenar al nuevo ejército. Esta medida ofreció excelentes resultados. A comienzos de 1919 se habían enrolado 30.000 de tales oficiales. La Guardia Roja de 1917, que reunía escasamente 10.000 hombres entrenados, creció hasta convertirse, en el apogeo de la guerra civil, en un Ejército Rojo de cinco millones. El mismo Trotski demostró un excepcional talento militar. Pero también llegó a ser conocido por su actitud implacable al exigir obediencia incuestionada y castigar las faltas; y se vio obligado a alabar las virtudes de la disciplina militar que la revolución había pretendido destruir. Una situación desesperada requería remedios desesperados.

Estas medidas no pusieron fin a los peligros que acechaban al régimen, ahora desplazado desde Petrogrado a su nueva capital en Moscú. En diferentes partes del país comenzaron a reunirse fuerzas militares hostiles de rusos «blancos». El ejército alemán continuaba ocupando Ucrania, por acuerdo con un gobierno nacional ucraniano títere. Los gobiernos occidentales, ultrajados por la revolución y por la deserción rusa del campo aliado en el momento de mayor necesidad de éste, decidieron actuar. En marzo de 1918 tropas inglesas, seguidas por otras francesas y norteamericanas, ocuparon el puerto de Murmansk en el Norte, supuestamente para proteger contra una ulterior irrupción alemana los pertrechos militares allí acumulados. Mientras tanto, los muchos miles de prisioneros checos de guerra existentes en Rusia, principalmente desertores del ejército austríaco, formaron una legión checa, y con el consentimiento del gobierno soviético partieron hacia Vladivostok con la intención de embarcar allí hacia el Oeste. En Siberia, los bien organizados legionarios chocaron con autoridades soviéticas dispersas e ineficaces, y se convirtieron —al principio quizá inconscientemente— en un aglutinante de las fuerzas antibolcheviques. En abril de 1918 el gobierno japonés, que no deseaba quedar fuera del asunto, desembarcó tropas en Vladivostok, que fueron seguidas dos meses más tarde por destacamentos ingleses y norteamericanos. En julio ocuparon Arkángel fuerzas inglesas, francesas y norteamericanas. En el verano y el otoño de 1918, la supervivencia del Gobierno Obrero y Campesino en Moscú parecía deberse no tanto a su propia fortaleza como al hecho de que las naciones estaban envueltas en una lucha a vida o muerte en el frente occidental, y prestaban poca atención a lo que sucedía en otros lugares.

El colapso de Alemania, y el armisticio del 11 de noviembre de 1918, dieron un nuevo giro a la situación. La incipiente situación revolucionaria en Berlín durante los dos meses que siguieron al armisticio, el éxito de los golpes revolucionarios en Baviera y Hungría, unos meses más tarde, así como los disturbios esporádicos en Inglaterra, Francia e Italia, condujeron a los dirigentes bolcheviques a la creencia de que la tan esperada revolución europea estaba madurando. Pero los acontecimientos que traían esperanza y alivio a Moscú intensificaron el temor y el odio de los gobiernos occidentales ante el régimen revolucionario, y agudizaron su determinación de desarraigarlo. Forzosamente se abandonó el pretexto de que las operaciones militares en Rusia eran parte subsidiaria de la guerra contra Alemania. Se amplió abiertamente el apoyo a los ejércitos rusos empeñados en la cruzada contra los bolcheviques, en Arkángel, en Siberia y en la Rusia meridional. Sin embargo, ahora surgió una nueva complicación. Las tropas aliadas, en parte por cansancio de la guerra y en parte por simpatía más o menos manifiesta hacia el gobierno obrero de Moscú, eran abiertamente reacias a continuar la lucha. En abril de 1919, un motín en los barcos de guerra franceses en Odesa hizo necesaria la evacuación del puerto. En Arkángel y Murmansk se evitó que las cosas terminaran igual mediante la progresiva retirada de las tropas aliadas. En el otoño de 1919 las únicas fuerzas aliadas que permanecían en suelo ruso eran los contingentes japonés y norteamericano de Vladivostok.

Este retroceso no modificó en nada las intenciones hostiles de los aliados occidentales, que trataron de compensar la retirada de las tropas mediante un aumento en el envío de pertrechos y misiones militares, y mediante el apoyo verbal a los diversos «gobiernos» rusos en ciernes enfrentados a los bolcheviques. El más prometedor de éstos era el formado bajo la dirección del antiguo almirante zarista Kolchak, que había establecido cierta autoridad en gran parte de Siberia y comenzado a avanzar sobre la Rusia europea; y en el verano de 1919, los estadistas aliados reunidos en París para la conferencia de paz entraron en negociaciones, que no llegarían a dar resultados, para reconocer al régimen de Kolchak como único gobierno ruso legítimo. El general zarista Denikin, con fuerte apoyo aliado, consiguió el control de la Rusia meridional, invadió Ucrania, y en el otoño de 1919 alcanzó un punto a menos de 400 kilómetros de Moscú; y Yudenich, otro general, reunió un ejército blanco en el Báltico para atacar Petrogrado. Para entonces, sin embargo, el Ejército Rojo se había convertido en una fuerza de combate efectiva, aunque mal equipada. Los diversos ejércitos blancos no fueron capaces de coordinar sus esfuerzos ni de ganar el apoyo de la población de los territorios en los que operaban. A finales del año se encontrarían en precipitada retirada. En enero de 1920 Kolchak fue capturado y ejecutado por los bolcheviques. Para la primavera de ese año, las fuerzas blancas habían sido dispersadas y destruidas en todas partes, con excepción de unas pocas bolsas aisladas de resistencia.

La guerra civil solidificó el estereotipo, que se había venido formando desde octubre de 1917 tanto en el pensamiento occidental como en el soviético, de dos mundos enfrentados en una contradicción irreconciliable: el mundo capitalista y el mundo de la revolución dedicado a su derrocamiento. Tras el colapso de la potencia alemana en noviembre de 1918, la Europa central se convirtió por poco tiempo en el objetivo que ambos mundos se disputaban. La ráfaga revolucionaria en Berlín, en enero de 1919, favoreció la confiada creencia de los bolcheviques en que había sonado el toque de difuntos por el capitalismo, y en que la ola revolucionaria se estaba extendiendo hacia el Oeste desde Moscú. En esta atmósfera, Lenin se dispuso a realizar una ambición que venía alimentando ya desde el otoño de 1914: sustituir la difunta II Internacional, o Internacional Socialdemócrata, que se había dividido y autodestruido con el estallido de la guerra, al abandonar los principios del marxismo y del Internacionalismo, por una III Internacional, o Internacional Comunista, verdaderamente revolucionaria. Esta era la consecuencia lógica de la decisión tomada en marzo de 1918 por el congreso del partido de cambiar su viejo nombre de Partido Obrero Socialdemócrata Ruso, ahora manchado por su asociación con los socialdemócratas alemanes y los mencheviques, por el de Partido Comunista Ruso (bolchevique).

A comienzos de marzo de 1919 se reunieron en Moscú más de 50 comunistas y simpatizantes, de los cuales 35 representaban a partidos y grupos comunistas o próximos a ellos de 19 países; muchos de éstos eran pequeños países que habían formado parte del Imperio ruso y a los que ahora se reconocía como repúblicas soviéticas, como Ucrania, Bielorrusia, los países bálticos, Armenia y Georgia. El recién fundado Partido Comunista Alemán envió un delegado con instrucciones de no plantear objeciones de principio, pero tratar de que se pospusiera la creación de la Internacional para un momento más propicio. Viajar a Moscú desde Occidente era virtualmente imposible. Los grupos de Estados Unidos, Francia, Suiza, Holanda, Suecia y Hungría delegaron su representación en ciudadanos de estos países que residían en Moscú; el único delegado británico carecía de toda representación. Las reservas del delegado alemán quedaron sepultadas bajo el peso del entusiasmo. Parece que fue la llegada de un delegado revolucionario austríaco lo que inclinó la balanza. El congreso, autoconstituyéndose en primer congreso de la Internacional Comunista (Comintern), votó un manifiesto, redactado por Trotski, en el que se trazaba el declinar del capitalismo y el avance del comunismo desde el *Manifiesto comunista* de 1848; unas tesis preparadas por

Lenin en las que se denunciaba la democracia burguesa, se proclamaba la dictadura del proletariado y se ridiculizaban los intentos de revivir la desacreditada II Internacional; y, finalmente, una típica llamada a los trabajadores del mundo a presionar sobre sus gobiernos para poner fin a la intervención militar en Rusia y reconocer al régimen soviético. Para proporcionar a la recién nacida Internacional una organización, el congreso eligió un comité ejecutivo (IKKI), del que se nombró presidente a Zinoviev y secretario a Radek, en aquel momento encarcelado en Berlín. Pocos días después de la terminación del congreso se proclamó en Budapest la efímera república soviética húngara.

El hecho mismo de la fundación de una Internacional Comunista tenía más importancia que todo lo sucedido en su primer congreso. Era el dramático anuncio de la escisión entre dos mundos, y en particular de la escisión que se había producido dentro del movimiento obrero internacional. Los fundadores de la Comintern creían firmemente que los trabajadores de los países occidentales, que habían vivido la matanza fratricida de la guerra —y en particular los trabajadores alemanes, bien adoctrinados en el marxismo—, abandonarían rápidamente los partidos nacionales, socialdemócratas y laboristas, que les habían llevado al holocausto, y se unirían a la causa de la unidad internacional de los trabajadores del mundo proclamada por la Comintern. Cuando esto no sucedió, y cuando incluso la II Internacional dio muestras de revivir, el retroceso se atribuyó a dirigentes corrompidos y traidores que habrían traicionado a sus engañados seguidores. Pero en los países occidentales, la escisión entre una minoría de comunistas comprometidos y una mayoría de trabajadores que permanecían fieles a los dirigentes «reformistas» se perpetuaría y se haría más profunda con el paso del tiempo.

La brecha se vería agravada por acontecimientos imprevistos dentro de la propia Comintern. La perspectiva de sus fundadores era auténticamente internacional; esperaban la llegada del día en que sus cuarteles generales pasarían a Berlín o a París. Pero lo que sucedió en Moscú en marzo de 1919 no fue que unos partidos comunistas nacionales se fusionaran en una sola organización internacional, sino que varios grupos extranjeros, débiles y embrionarios, se engancharon a una organización esencialmente rusa, cuyos recursos y principal fuerza motriz procedían, necesaria e inevitablemente, del partido ruso y el gobierno soviético. Esto tampoco carecía de lógica. La potenciación de la revolución internacional tenía dos aspectos, que se reforzaban mutuamente. Era una obligación de todo marxista, pero era también una importante arma defensiva en el arsenal del duramente presionado régimen soviético. Mientras se viera el derrocamiento del capitalismo en otros lugares como una condición para la supervivencia del régimen revolucionario en Rusia, no habría incompatibilidad entre ambos elementos; ambos eran facetas diferentes de un solo propósito coherente e integrado. Pero esto significaba que el compromiso de los partidos comunistas extranjeros con la Comintern tenía fundamentos menos fuertes que el compromiso que parecía obligatorio en Moscú.

El resto de 1919 fue un período de guerra civil, intervención de los aliados y aislamiento soviético. Un breve respiro se produjo tras el colapso de los ejércitos blancos en el invierno de 1919-1920; y fue en este intervalo, en abril de 1920, cuando Lenin escribió su famoso e influyente folleto *La enfermedad infantil del «izquierdismo» en el comunismo*. El blanco de su ataque era la llamada oposición de izquierda en los partidos comunistas, que se oponía a los «compromisos» en nombre de los «principios»; Lenin recordaba, en particular, la oposición a Brest-Litovsk. Los comunistas de los países occidentales debían participar activamente en el parlamento y en los sindicatos, y no retroceder ante los compromisos inherentes a tal participación. Pensando en la intervención hostil de Inglaterra en la guerra civil, Lenin apremiaba a los comunistas ingleses para que establecieran «acuerdos electorales» con el fin de «ayudar a Henderson o a Snowden a vencer a Lloyd George y a Churchill». Pero este consejo se presentaba sobre un telón de fondo de confianza en una pronta perspectiva revolucionaria. Las prescripciones tácticas del folleto estaban profundamente imbuidas de la necesidad de informar a la base de los partidos obreros sobre el verdadero carácter de sus dirigentes, y de enfrentar a los partidos contra los dirigentes. Henderson debía ser sostenido «del mismo modo que la soga sostiene al ahorcado». No entraba en los cálculos de Lenin que tales tácticas de compromiso y maniobra pudieran mantenerse, a falta de una revolución internacional, por años o décadas.

A finales de abril Pilsudski lanzó una ofensiva polaca sobre Ucrania, ocupando Kiev a comienzos de mayo; y la república soviética se vio de nuevo en una crisis tan grave como la de la guerra civil. Pero esta vez la resistencia fue más rápida y más fuerte. En junio el Ejército Rojo contraatacó. La derrota de las fuerzas polacas, demasiado desplegadas, se convirtió en fuga desordenada, y a comienzos de agosto el Ejército Rojo entró en territorio polaco. Estos dramáticos acontecimientos coincidieron con el II Congreso de la Comintern, que se inauguró el 19 de julio de 1920, con más de 200 delegados. Entre ellos se encontraban, además de delegados del pequeño Partido Comunista Alemán (KPD), delegados del Partido Socialdemócrata Independiente Alemán (USPD) —una escisión del tiempo de la guerra del Partido Socialdemócrata Alemán (SPD)—, así como de los partidos socialistas francés e italiano; estos tres partidos estaban divididos internamente sobre la cuestión de su adhesión a la Comintern, y habían acudido al congreso en busca de clarificación. También había delegados de varios grupos ingleses de extrema izquierda, que decidieron fusionarse en un Partido Comunista de Gran Bretaña (CPGB). Los debates, sobre el telón de fondo de las victorias del Ejército Rojo, estuvieron llenos de confianza y excitación. Las prescripciones del folleto de Lenin no fueron dadas de lado. Se aprobaron resoluciones que impulsaban a los comunistas a trabajar en los sindicatos y en los parlamentos burgueses; y el Partido Comunista Inglés recibió instrucciones —aprobadas por mayoría— de tratar de afiliarse al Partido Laborista. Pero el estado de ánimo general era ahora muy diferente. El congreso llamó a los trabajadores del mundo a impedir «cualquier tipo de ayuda a la Polonia blanca, cualquier tipo de intervención contra la Rusia soviética». La revolución mundial estaba muy presente en el cuadro. «La Internacional Comunista —declaraba un manifiesto del congreso —proclama la causa de la Rusia soviética como su propia causa. El proletariado internacional no enfundará la espada hasta que la Rusia soviética sea un eslabón en una federación mundial de repúblicas soviéticas.»

Las «21 condiciones» de admisión en la Comintern estaban pensadas para excluir a los irresolutos, y para hacer de la Comintern no una asociación flexible de partidos ampliamente diversos (como la II Internacional), sino un solo partido, homogéneo y disciplinado, del proletariado internacional. La perspectiva de la revolución mundial nunca había parecido tan clara y tan próxima.

Mientras se desarrollaban los debates del congreso, los dirigentes soviéticos tenían que tomar una decisión vital. ¿Debía detenerse el Ejército Rojo en la frontera polaca y ofrecer condiciones de paz a Pilsudski? ¿O debía continuar su avance, que en aquellos momentos no encontraba casi resistencia, hacia Varsovia y otros centros industriales polacos? Lenin se pronunció a favor del avance, deslumbrado por la idea de que los trabajadores polacos recibirían al Ejército Rojo como a su libertador del yugo capitalista, y de que la revolución en Polonia abriría las puertas hacia Alemania y la Europa occidental. Trotski y Rádek se opusieron a él; Stalin parece haber compartido sus dudas, pero se encontraba en el frente en el momento de la decisión crítica. Tujachevski, el brillante comandante que había dirigido el contraataque, estaba completamente a favor del avance, y deseaba hacer del Ejército Rojo el ejército de la Comintern. Vencieron la audacia y el entusiasmo. A mediados de agosto el Ejército Rojo estaba desplegado ante Varsovia. Aquí, sin embargo, se reveló rápidamente el mayor error de cálculo en estas medidas. Los trabajadores polacos no iniciaron una revuelta; y Pilsudski llamó con éxito a la resistencia nacional frente al invasor ruso. En las semanas siguientes, el Ejército Rojo sufrió las mismas humillaciones de una precipitada retirada que tan recientemente había infligido a sus adversarios. Los ejércitos se detuvieron finalmente en un punto muy al Este de la llamada «línea Curzon», que había sido reconocida por los gobiernos aliados, así como por el gobierno soviético, como frontera oriental de Polonia. Allí se firmó un armisticio el 12 de octubre de 1920. La república soviética había pagado un alto precio por su optimismo revolucionario.

El prestigio del Ejército Rojo encontró una compensación parcial en la facilidad con la que rechazó en el otoño de 1920 un ataque de Wrangel, el último de los generales blancos, en la Rusia meridional. Pero la derrota en Polonia tendría repercusiones duraderas en las relaciones soviéticas con el mundo occidental. La campaña había estado basada en la convicción de que los trabajadores polacos se rebelarían contra sus gobernantes y establecerían, en unión con las fuerzas rusas, un gobierno revolucionario en Varsovia. El fracaso de esta esperanza mostró que los trabajadores polacos, como los de Europa occidental, estaban aún demasiado imbuidos de lealtades nacionales para abrazar la causa de la revolución proletaria internacional. En el resto de Europa, si bien los trabajadores seguían mostrando simpatía y entusiasmo hacia la revolución rusa, no mostraban prisas por izar la bandera de la revolución en sus propios países. En octubre el USPD decidió, por una estrecha mayoría, fusionarse con el KPD, dejando a su propia retaguardia, junto con el mayor partido obrero alemán, el SPD, poseídos por sentimientos de amargura y resentimiento contra el KPD y contra la Comintern. Un poco más tarde el Partido Socialista Francés se transformó en Partido Comunista Francés (PCF), dejando tras de sí una minoría sustancial de disidentes; y una escisión del Partido Socialista Italiano condujo a la creación de un pequeño Partido Comunista Italiano (PCI). Estas incorporaciones a la Comintern fueron celebradas como triunfos en Moscú. Pero afianzaron la desconfianza hacia la Comintern, predominante en aquel momento en muchas secciones del movimiento obrero occidental. Un intento de golpe revolucionario en Alemania en marzo de 1921 (véase página 63 *infra*) fue un triste fracaso. La ola revolucionaria de la posguerra estaba retrocediendo visiblemente en Europa.

De la derrota militar en Polonia se podía sacar también otra lección. El campesino ruso que había suministrado el material humano del Ejército Rojo, si bien había defendido tenazmente la causa revolucionaria en su patria, no estaba dispuesto a pelear para llevar la revolución a otros países. El campesino, que ahora comenzaba a revolverse contra las miserias y la devastación que constituían la resaca de la guerra civil, no soportaría penalidades prolongadas en nombre de la revolución internacional. En el duro invierno de 1920-1921 los disturbios campesinos en la Rusia central concentraron la ansiosa atención de los dirigentes, y comenzaron insensiblemente a remodelar el pensamiento soviético sobre el mundo occidental. Las visiones de una revolución internacional habían venido fomentadas —casi impuestas— por la traumática experiencia de la guerra civil. Superada ésta, el objetivo de la revolución internacional, sin ser abandonado, fue relegado silenciosamente a un futuro más distante. La seguridad y la estabilidad eran las supremas necesidades del momento. En este estado de ánimo, a la vez que se introducía la NEP, se dieron pasos para regularizar las relaciones soviéticas con el mundo no soviético.

3. El comunismo de guerra

La hostilidad del mundo exterior fue tan sólo uno de los peligros a los que se enfrentaron los bolcheviques tras su toma del poder. En Petrogrado la revolución se realizó sin sangre; pero en Moscú hubo fuertes combates entre unidades bolcheviques y cadetes militares leales al Gobierno Provisional. Los partidos políticos desplazados comenzaron a organizarse contra la autoridad de los soviets. Las comunicaciones quedaron interrumpidas por una huelga de los trabajadores del ferrocarril, cuyo sindicato estaba controlado por los mencheviques. Se desorganizaron los servicios administrativos; y las condiciones anárquicas fueron aprovechadas por individuos asociales para realizar motines y saqueos. Seis semanas después de la revolución, un decreto del gobierno creó la Comisión Extraordinaria Panrusa (Cheka) para «combatir la contrarrevolución y el sabotaje»; y se invitó a los soviets locales a crear comisiones similares. Pocos días más tarde se estableció un tribunal revolucionario para juzgar «a quienes organicen revueltas contra el Gobierno Obrero y Campesino, a quienes se le opongan activamente o no le obedezcan, o a quienes inciten a otros a oponérsele o a desobedecerle». Hasta junio de 1918 el tribunal revolucionario no pronunció su primera sentencia de muerte. Pero en muchas partes del país se produjeron asesinatos indiscriminados de bolcheviques y de adversarios suyos; y la Cheka tuvo cada vez más trabajo en perseguir a los oponentes activos al régimen. En abril de 1918 fueron arrestados en Moscú varios cientos de anarquistas; en julio la Cheka debió suprimir un intento de golpe de los socialistas revolucionarios, que asesinaron al embajador alemán, aparentemente como protesta contra el tratado de Brest-Litovsk. Durante el verano de 1918 dos destacados dirigentes bolcheviques fueron asesinados en Petrogrado, y Lenin fue tiroteado en Moscú. La ferocidad con la que se desarrolló la lucha durante la guerra civil llevó la tensión a su clímax. Las atrocidades de un bando fueron igualadas por las represalias del otro. El «terror rojo» y el «terror blanco» pasaron a formar parte del vocabulario político.

Estas desesperadas condiciones se reflejaban en el total desorden de la economía. Durante la guerra, la producción se había visto paralizada y distorsionada por las necesidades militares, y por la ausencia de los trabajadores agrícolas e industriales que se encontraban en el frente. La misma revolución, y los estragos de la guerra civil, completaron el cuadro de desintegración económica, social y financiera; el hambre y el frío sorprendieron a grandes sectores de la población. Los iniciales remedios bolcheviques para los males económicos no fueron más allá de la proclamación de principios generales, tales como la distribución igualitaria, la nacionalización de la industria y la tierra, y el control obrero. En los primeros meses de la revolución fueron tomadas muchas empresas, unas veces por órganos del Estado responsables ante el Consejo Supremo de Economía Nacional (Vesenja), otras veces por los mismos trabajadores. Los bolcheviques, que todavía tenían poco poder en el campo, habían adoptado para la agricultura el programa de los socialistas revolucionarios y proclamado la «socialización» de la tierra y su distribución igualitaria entre quienes la cultivaban. Lo que sucedió, de hecho, fue que los campesinos tomaron y distribuyeron entre ellos las fincas, grandes y pequeñas, de la nobleza terrateniente y las posesiones de los campesinos acomodados, llamados normalmente kulaks, que habían sido autorizados a acumular tierra por las reformas de Stolipin. Ninguna de estas medidas detuvo la caída de la producción. En el campo financiero se nacionalizaron los bancos y se repudiaron las deudas exteriores. Pero era imposible recaudar impuestos regulares o preparar un presupuesto del Estado; se hacía frente a las necesidades inmediatas mediante el recurso de imprimir moneda.

El régimen vivió al día durante seis meses. Después las amenazantes tormentas de la guerra civil y el colapso económico condujeron al gobierno, en el verano de 1918, a las drásticas medidas que más tarde se conocerían por el ambiguo nombre de «comunismo de guerra». La comida era la primera prioridad. Los trabajadores de las ciudades y las fábricas estaban hambrientos. En mayo surgió la consigna de organizar «destacamentos de alimentación» para marchar al campo y recaudar grano de los kulaks y especuladores —la «burguesía rural»—, que se creía lo atesoraban. Un decreto del 11 de junio de 1918 estipulaba la creación en los pueblos de «comités de campesinos pobres» que supervisarían la recolección, distribución y envío a las ciudades del grano y otros productos agrícolas, «bajo la dirección general del Comisariado del Pueblo para los Suministros (Narkomprod)». Lenin celebró la constitución de estos comités como la realización de «la revolución de Octubre, es decir, la revolución proletaria» en el campo, y pensó que marcaba el paso de la revolución burguesa a la revolución socialista. Pero el experimento tuvo corta vida. El decreto, como otros de este período, fue más fácil de redactar que de llevar a la práctica. La acción espontánea de los campesinos durante el primer año de la revolución se tradujo en la división de la tierra entre una multiplicidad de pequeños cultivadores que vivían al nivel de subsistencia: un incremento en el número y una disminución en el tamaño de las unidades agrícolas que no contribuyó en nada a la eficiencia de la agricultura o al suministro de alimentos a las ciudades, ya que era más probable que el pequeño agricultor consumiera para sus propias necesidades lo que él mismo producía. Los campesinos pobres no eran fáciles de organizar; y brotó la rivalidad entre los comités y los soviets de los pueblos. La estratificación de clase en las aldeas era bastante real. Pero los criterios de clasificación del campesinado en kulaks, campesinos medios y campesinos pobres, eran inciertos y fluctuantes, y venían dictados parcialmente por las exigencias políticas del momento. El término kulak, en particular, se convirtió en un insulto dirigido por la propaganda del partido contra los campesinos, que incurrían en la ira de las autoridades por incumplir las demandas de entrega de grano. Y tampoco se podía contar con que los campesinos pobres actuaran como aliados del gobierno en contra de los kulaks, como esperaban los dirigentes del partido en Moscú. El campesino pobre era consciente de la opresión que sufría a manos del kulak. Pero su temor al Estado y a sus paniaguados era a menudo mayor; y era capaz de preferir el mal conocido a la amenaza de una autoridad remota.

Los comités de campesinos pobres fueron abolidos en diciembre de 1918, y las autoridades desplazaron su apoyo a los llamados «campesinos medios», que estaban por encima del indigente nivel de los «campesinos pobres», pero no merecían la etiqueta de «campesinos ricos» o «kulaks». Pero en medio del caos de la guerra civil ningún expediente podía estimular la producción agrícola. De vez en cuando las autoridades invocaban el acariciado objetivo socialista del cultivo colectivo en gran escala. Un cierto número de comunas agrícolas o «granjas colectivas» *(koljozi)* fueron fundadas por comunistas idealistas, en algunos casos extranjeros, sobre la base del trabajo y la vida en común. Pero estas comunas contribuyeron escasamente a resolver el problema de alimentar a las ciudades. El gobierno soviético, los soviets provinciales o locales, o a veces las empresas industriales controladas por el Vesenja, crearon «granjas soviéticas» *(sovjozi)* con el propósito específico de proporcionar alimento para los hambrientos trabajadores de las ciudades y las fábricas; empleaban trabajo asalariado, y a veces se les llamaba «fábricas socialistas de grano». Pero hicieron pocos progresos frente a la resistencia de los campesinos, que veían en los *sovjozi* un regreso a las grandes propiedades agrícolas que habían sido parceladas por la revolución, especialmente cuando, como sucedía a menudo, se establecían en propiedades confiscadas y empleaban administradores procedentes del antiguo régimen. En una ocasión Lenin repitió un dicho que supuestamente era de uso común entre los campesinos: «Somos bolcheviques, pero no comunistas; estamos a favor de los bolcheviques porque expulsaron a los terratenientes, pero no estamos a favor de los comunistas, porque ellos están en contra de la propiedad individual.»

Se puede decir que el comunismo de guerra empezó en la industria con un decreto del 28 de junio de 1918, que nacionalizaba todas las categorías importantes de la industria. Este parece haber sido inspirado en parte por la creciente amenaza de la guerra civil y en parte por el deseo de impedir las tomas espontáneas de fábricas por los obreros sin conocimiento del Vesenja: lo que un autor de la época llamó «nacionalización proletaria elemental y caótica desde abajo». Pero la nacionalización formal contaba poco. Lo que importaba era organizar y administrar lo tomado: una función que el control obrero se había mostrado incapaz de ejercer. Esta sería la tarea del Vesenja, que creó una serie de «centros» o «comités superiores» *(glavki)* para administrar las industrias completas; algunas empresas industriales eran administradas por las autoridades locales. Las caóticas condiciones exigían urgentemente un control centralizado que, sin embargo, puede haber agravado el caos en algunas ocasiones. El nuevo régimen disponía en escaso grado de las habilidades y técnicas requeridas por la producción industrial. En la práctica, la industria continuaba siendo manejada a todos los niveles por quienes habían trabajado en ella antes de la revolución, y que ahora dirigían los «centros» y los *glavki*. En ocasiones se nombraba a miembros del partido para posiciones dirigentes, pero carecían de la experiencia necesaria para ser efectivos. Los antiguos directores, administradores e ingenieros, cuyos servicios fueron reconocidos rápidamente como indispensables, eran conocidos como «especialistas» y recompensados con grandes salarios y privilegios. La producción industrial se vio cada vez más dominada, sin embargo, por las urgencias de la guerra civil. Las demandas del Ejército Rojo estaban por encima de todo. El esfuerzo tenía que concentrarse en unas pocas industrias esenciales, a expensas de las restantes. Las empresas de pequeña escala que empleaban sólo a un puñado de obreros, y la industria artesanal de la ciudad y el campo, estaban básicamente a salvo de controles, pero se veían obstaculizadas por la falta de materiales. La mano de obra fue movilizada al frente. El transporte se vino abajo. Los suministros de materias primas se agotaron y no pudieron ser repuestos. De las muchas estadísticas que ilustran el catastrófico declinar de la industria, quizá las más reveladoras sean las que registran la despoblación de las grandes ciudades. En los tres años siguientes a la revolución, Moscú perdió el 44,5 por 100 de su población; Petrogrado, donde la concentración industrial era mayor, un 57,5 por 100. El Ejército Rojo se llevó a muchos de los hombres hábiles; y masas de gente fluyeron hacia el campo, donde si acaso se podía encontrar todavía alimento.

Los problemas de distribución no eran menos graves. El objetivo anunciado en el programa del partido de sustituir el comercio privado por «un sistema de distribución de mercancías planificado a escala de todo el Estado» era un ideal remoto. Un decreto de abril de 1918, que autorizaba al Narkomprod a adquirir bienes de consumo para intercambiarlos por las existencias de grano de los campesinos, se quedó en letra muerta. Los planes de establecer precios fijos y racionamiento en las ciudades se vinieron abajo ante la escasez de suministros y la ausencia de cualquier administración eficiente. El comercio fluía, cuando fluía, por canales ilícitos. El país era recorrido por comerciantes (suficientemente numerosos como para ganarse el apodo familiar de «hombres del saco») que intercambiaban con los campesinos bienes de consumo simples por alimentos destinados a ser vendidos en las ciudades a precios exorbitantes. Los «hombres del saco» eran frecuentemente denunciados por las autoridades y amenazados con la detención o el fusilamiento, pero seguían prosperando. Se hizo algún intento de usar el aparato existente de las cooperativas, y se estableció un control sobre los órganos cooperativistas centrales, aunque no sin fricciones. Como el dinero estaba perdiendo rápidamente su valor se idearon esquemas para el trueque de mercancías entre la ciudad y el campo; pero los bienes que deseaban los campesinos también escaseaban. En el año crucial de la guerra civil, cuando la supervivencia del régimen parecía pendiente de un hilo, e incluso el territorio que nominalmente controlaba se veía constantemente reducido por incursiones de los ejércitos blancos, el método para hacer frente a las necesidades del Ejército Rojo, de las fábricas dedicadas a la producción de guerra y de la población urbana era un crudo método de requisamiento, dictado y justificado por necesidades militares. La tarea primordial de la política económica era mantener avituallado al Ejército Rojo, y poca atención se podía prestar a las necesidades o susceptibilidades civiles. Fue el requisamiento generalizado de los excedentes de grano lo que fundamentalmente condujo a los campesinos, una vez que el peligro de los blancos estuvo superado, a rebelarse contra los rigores del comunismo de guerra.

El comunismo de guerra tuvo importantes consecuencias para la organización del trabajo. La esperanza inicial de que, aunque la coerción fuera necesaria frente a los terratenientes y miembros de la burguesía, el trabajo de los obreros se regularía mediante autodisciplina voluntaria, pronto se vio frustrada. El «control obrero» sobre la producción, ejercido en cada fábrica por un comité de fábrica elegido, que había sido fomentado en el alborear de la revolución y había desempeñado un papel en la toma del poder, se convirtió pronto en una receta para la anarquía. En medio de la espesa atmósfera de crisis de enero de 1918, Lenin, significativamente, citó el familiar «el que no trabaja no come» como «credo *práctico* del socialismo»;

y el comisario del Pueblo para el Trabajo habló de «sabotaje» y de la necesidad de medidas de coerción. Lenin se pronunció a favor del destajo y del «taylorismo», un sistema americano muy de moda para mejorar la eficiencia del trabajo, que él mismo había denunciado como «esclavizamiento del hombre a la máquina». Más tarde apoyaría una campaña a favor de la introducción en la industria de la llamada «dirección por un solo hombre», antítesis directa del «control obrero». El congreso del partido, que votó en marzo de 1918 la ratificación del tratado de Brest-Litovsk, también exigió «medidas draconianas para elevar la autodisciplina y la disciplina de obreros y campesinos». Estas propuestas, como el propio tratado de Brest-Litovsk, despertaron la indignación de lo que entonces era la oposición de izquierda, en la que Bujarin y Radek representaban papeles dirigentes.

La revolución había puesto de relieve el ambiguo papel de los sindicatos en un Estado obrero. Las relaciones entre los soviets de diputados obreros y los sindicatos, en las que ambos pretendían representar los intereses de los trabajadores, habían sido cruciales desde los primeros días de la revolución, cuando los sindicatos más fuertes estaban dominados por los mencheviques. Cuando se celebró el I Congreso Panruso de los Sindicatos, en enero de 1918, los bolcheviques obtuvieron la mayoría, aunque los mencheviques y otros partidos también estaban bien representados. El congreso no tuvo dificultad en llamar al orden a los comités de fábrica sobre la base de que el interés particular de un pequeño grupo de obreros debía ceder ante el interés general del proletariado en su conjunto. Sólo unos pocos delegados anarquistas se opusieron a la decisión de convertir a los comités en órganos de los sindicatos. También aquí estaba ya en marcha el principio de centralización de la autoridad dispersada por la revolución.

La cuestión de la relación entre los sindicatos y el Estado fue mucho más tenazmente impugnada. ¿Debían ser los sindicatos parte integral del aparato del Estado obrero, como otras instituciones soviéticas? ¿O debían conservar la función de defender los intereses específicos de los trabajadores, independientemente de otros elementos del Estado obrero? Los mencheviques y algunos bolcheviques, para quienes, como la revolución no había sobrepasado su etapa democrático-burguesa, los sindicatos aún debían desempeñar su papel tradicional, propusieron la completa independencia de los sindicatos frente al Estado. Pero Zinoviev, que presidía, no tuvo dificultades para conseguir una confortable mayoría a favor de la tesis oficial de los bolcheviques de que, en el proceso de la revolución, los sindicatos debían «transformarse inevitablemente en órganos del Estado socialista», y en este sentido debían «asumir el peso fundamental en la organización de la producción». La caída de la producción y las necesidades de una situación desesperada hacían vital este mandato. La elevación de la productividad del trabajo, la mejora de la disciplina laboral, la regulación de los salarios y la prevención de huelgas eran responsabilidades que los sindicatos, junto con el Vesenja y otros órganos del Estado, debían asumir ahora. La distinción entre las funciones de los sindicatos y las del Comisariado del Pueblo para el Trabajo (Narkomtrud) se hicieron fundamentalmente formales; la mayor parte de los principales funcionarios del Narkomtrud serían en lo sucesivo candidatos propuestos por los sindicatos.

Las urgencias de la guerra civil resucitaron y mantuvieron viva la oleada de entusiasmo que había generado la propia revolución, e hicieron aceptables las estrictas medidas de disciplina. En abril de 1919, en el apogeo de la guerra civil, se introdujo el servicio militar obligatorio; y en la práctica esto llegó pronto a incluir la recluta de mano de obra para trabajos esenciales. En la misma época, aproximadamente, se instituyeron campos de trabajo para delincuentes condenados a esta forma de castigo por la Cheka o por los tribunales ordinarios, y que serían empleados en trabajos bajo la dirección de las instituciones soviéticas. Los más severos de estos campos, los llamados «campos de concentración», se reservaban para quienes habían estado envueltos en actividades contrarrevolucionarias en la guerra civil, a los que se designaba para trabajos particularmente arduos. Pero también se hicieron llamadas a la autodisciplina voluntaria. En mayo de 1919 Lenin convocó a los obreros a los llamados «sábados comunistas», en los que varios miles de trabajadores de Moscú y Petrogrado realizarían horas extraordinarias de trabajo voluntario sin paga, para acelerar el envío de tropas y suministros al frente; y este precedente fue seguido un año después. De esta época data la institución de los *udarniki,* u obreros de choque, para realizar a gran velocidad trabajos especialmente importantes. Sin esta combinación de dura coerción y entusiasmo espontáneo la guerra civil no se habría ganado.

A comienzos de 1920, con la derrota de Denikin y Kolchak, la crisis militar quedó superada. Pero dejó paso al problema igualmente grave del colapso económico casi total; y parecía lógico enfrentarse a estos problemas con las mismas formas de disciplina que habían traído la victoria en el campo de batalla. Como comisario del Pueblo para la Guerra, Trotski se convirtió en abanderado de la recluta obligatoria y la «militarización» del trabajo para abrir el camino hacia la recuperación económica. Durante el período del comunismo de guerra, los sindicatos habían sido dados de lado. Para el trabajo en la retaguardia se había reclutado mano de obra; y al terminar la lucha, las unidades militares fueron convertidas en «batallones de trabajo» para las necesarias tareas de reconstrucción. El primer «ejército revolucionario de trabajo» se formó en los Urales en enero de 1920. Sin embargo, una vez que hubo terminado la guerra, la corriente cambió. Quienes desde el primer momento habían visto con suspicacia la aplicación de medidas de coerción a los trabajadores, los partidarios de la independencia de los sindicatos, y quienes por otras razones se sentían agraviados por la preeminencia de Trotski en el partido, se unieron para atacar sus procedimientos autoritarios. Frente a la creciente oposición, Trotski defendió su política en el congreso del partido de marzo de 1920, obteniendo el apoyo de Lenin. El estallido de la guerra con Polonia acalló las voces discrepantes. Pero cuando la guerra terminó, en el otoño de 1920, y los últimos rescoldos de la guerra civil se apagaron en el Sur, en el partido surgió una dura oposición contra el mantenimiento de la recluta de trabajo y la virtual marginación de los sindicatos. Trotski, impresionado por los vastos y urgentes problemas de la reconstrucción económica, e irritado por la resistencia sindical a sus planes, echó más leña al fuego al pedir una enérgica reorganización de los sindicatos. En este punto, Lenin no estuvo de acuerdo con Trotski; y a lo largo de todo el invierno se produjo un duro debate de dimensiones sin precedentes, debate que sólo se resolvió cuando la política del comunismo de guerra fue abandonada por el congreso del partido en marzo de 1921.

En el partido hubo distintas y ambivalentes actitudes ante el comunismo de guerra. El conglomerado de políticas prácticas, conocido colectivamente bajo ese nombre, fue aprobado como necesario y propio por casi todos, excepto una pequeña minoría de disidentes. Pero las interpretaciones sobre su carácter diferían ampliamente; más ampliamente, quizá, en una visión retrospectiva que en su momento. Los primeros ocho meses de gobierno soviético habían quebrado el poder de los terratenientes y la burguesía, pero no habían hecho nacer todavía un orden económico socialista. En mayo de 1918, Lenin aún hablaba de una «intención [...] de realizar la transición al socialismo». La brusca introducción durante el verano, bajo el nombre de comunismo de guerra, de medidas que parecieron a muchos bolcheviques un anticipo de la futura economía socialista, fue considerada por los miembros más prudentes del partido simplemente como una respuesta obligada a una situación de crisis, un abandono del cauteloso avance seguido hasta entonces, una zambullida —necesaria, sin duda, pero precipitada y llena de riesgos— en aguas desconocidas. Este punto de vista ganó popularidad cuando terminó la guerra civil y las cargas del comunismo de guerra parecieron insoportables por más tiempo; y se convirtió en la línea aceptada cuando la revuelta campesina impuso finalmente la decisión de abandonar el comunismo de guerra en favor de la NEP.

Otros comunistas, por otra parte, celebraron las realizaciones del comunismo de guerra como un triunfo económico, un avance hacia el socialismo y el comunismo menos rápido de lo que hasta entonces se había juzgado posible, pero con todo impresionante en ese sentido. La industria había sido íntegramente nacionalizada; y, si la producción industrial seguía cayendo, Bujarin podía escribir con complacencia que «la desintegración revolucionaria de la industria» era «una etapa históricamente necesaria». La progresiva devaluación del rublo podía ser descrita como un golpe asestado a los capitalistas burgueses, y como un preludio de la futura sociedad comunista sin dinero, en la que todo se compartiría según las necesidades. Se sostenía que el mercado ya había sido eliminado en buena medida como mecanismo de distribución. A los campesinos se les requisaban los excedentes de grano, y los principales alimentos estaban racionados en principio para la población urbana. La industria se ocupaba principalmente de pedidos del gobierno. La mano de obra se organizaba y asignaba en respuesta a las necesidades sociales y militares, no a los dictados del mercado. Tras la guerra civil, esta imagen utópica chocó con las realidades de una situación económica desesperada de forma demasiado obvia para poder ser defendida seriamente. Pero en el partido muchas conciencias se vieron perturbadas por su abandono; y las divergencias sobre el carácter del comunismo de guerra se repetirían bajo la forma de divergencias sobre el carácter y permanencia de la NEP.

4. El respiro de la NEP

El comunismo de guerra había constado de dos elementos principales: por una parte, la concentración de la autoridad y el poder económicos, incluyendo un control y administración centralizados, la sustitución de las pequeñas unidades de producción por otras grandes y cierto grado de planificación unificada; por otra parte, el abandono de las formas comerciales y monetarias de distribución, y la introducción del suministro de productos y servicios básicos gratuitamente o a precios fijos, el racionamiento, los pagos en especie y la producción para el uso directo antes que para un hipotético mercado. Entre estos dos elementos, sin embargo, se podía trazar una distinción bastante neta. Los procesos de concentración y centralización, aunque florecieran especialmente bajo la incubadora del comunismo de guerra, eran la continuación de procesos que ya estaban en marcha durante el primer período de la revolución y, de hecho, durante la guerra europea. En este punto, el comunismo de guerra había edificado sobre cimientos preexistentes, y muchas de sus realizaciones soportaron la prueba; solamente en los detalles de su aplicación se vieron estas políticas sujetas posteriormente a rechazo y revocación. El segundo elemento del comunismo de guerra, la sustitución de la economía «de mercado» por una economía «natural», no contaba con tales cimientos. Lejos de ser un desarrollo lógico de los políticas seguidas en el período inicial de la revolución, constituía un abandono abierto de tales políticas, un salto improvisado en lo desconocido. Fueron estos aspectos del comunismo de guerra los que más le desacreditaron a los ojos de sus críticos, y los que la NEP descartó decisivamente.

Entre los dos principales elementos del comunismo de guerra había, además, otra distinción. Las políticas de concentración y centralización fueron aplicadas casi exclusivamente en la industria; los intentos de exportarlas a la agricultura no tuvieron éxito. Era en la industria donde se encontraba la principal base social de apoyo de la revolución y donde la economía rusa mostraba algunos de los rasgos de un capitalismo desarrollado. Las políticas de abandono de dinero y de introducción de una economía «natural» no surgieron de ningún plan preconcebido, sino de la incapacidad para resolver los problemas de una economía campesina atrasada que ocupaba a más del 80 por 100 de la población. Estos problemas eran expresión de la dificultad fundamental existente en el intento de acompasar la revolución antifeudal de un campesinado con aspiraciones pequeño-burguesas y la revolución anticapitalista de un proletariado industrial, y de hacer frente al conflicto entre campo y ciudad inherente a este intento. Estas fueron las incompatibilidades que eventualmente provocaron la revuelta contra el comunismo de guerra y le destruyeron.

Hacia el otoño de 1920, cuando la lucha había terminado, la economía en su conjunto se encontraba estrepitosamente atascada. Ni en la teoría ni en la práctica del comunismo de guerra existía ningún indicio sobre la forma de volver a poner en marcha los procesos de producción e intercambio que habían llegado a paralizarse. Como siempre en la economía rusa, el punto nodal era el grano. La política de requisamientos, que había funcionado en cierto modo durante la guerra civil, había entrado en bancarrota. El campesino había retrocedido a una economía de subsistencia y no tenía incentivos para producir excedentes que las autoridades pudieran requisar. Durante el invierno de 1920-1921 tuvieron lugar en Rusia central disturbios campesinos generalizados. Pandillas de soldados desmovilizados erraban por el campo en busca de alimentos, viviendo del bandidaje. Para evitar que el resto del país muriera de hambre era imperativo proporcionar al campesino los incentivos que se le habían negado bajo un sistema de requisamientos. Tampoco marchaba todo bien dentro del partido. Un grupo disidente, autotitulado Oposición Obrera, se había formado bajo la dirección de Shliapnikov, un antiguo obrero del metal que había sido comisario del Pueblo para el Trabajo en el primer gobierno soviético, y de Alexandra Kolontai, que había disfrutado de cierto prestigio en los primeros días de la revolución. Su programa se dirigía principalmente contra la proliferación de controles económicos y políticos y contra el creciente poder de la maquinaria del partido y del Estado; pretendía defender la pureza de los ideales originarios de la revolución, y se remitía a la oposición de 1918 contra la rendición de Brest-Litovsk. El elenco dirigente del grupo no era muy impresionante, pero éste contaba con amplias simpatías y apoyos en las filas del partido.

Un cambio de frente era ahora urgentemente necesario. La esencia de la nueva política, elaborada durante el invierno de 1920-1921, era permitir al campesino, tras la entrega a los órganos del Estado de una proporción fija de su producción (un «impuesto en especie»), vender el resto en el mercado. Para hacer esto posible era necesario incitar a la industria, especialmente a la pequeña industria artesanal, a producir bienes que el campesino quisiera comprar, lo que suponía invertir el énfasis puesto bajo el comunismo de guerra en la industria pesada a gran escala. Se debía permitir el renacimiento del comercio privado; en este punto se confiaba mucho en las cooperativas, una de las pocas instituciones anteriores a la revolución que conservaban cierto grado de popularidad y de vitalidad. Por último, todo esto implicaba —aunque no se advirtiera hasta algo más tarde— poner fin a la prolongada caída del rublo y establecer una moneda estable. El conjunto de medidas conocido como Nueva Política Económica (NEP), que insistía especialmente en las concesiones al campesinado, fue aprobado por el comité central para su presentación por Lenin al histórico X Congreso del partido, celebrado en marzo de 1921.

En vísperas del congreso cayó sobre sus sesiones la sombra de un siniestro y ominoso desastre. Los marineros de la Armada Roja con base en Kronstadt se insurreccionaron, pidiendo concesiones para los obreros y campesinos y la libre elección de soviets. La rebelión no tenía relación directa con la Oposición Obrera, pero reflejaba el mismo sentimiento profundo de descontento frente a la tendencia de la política del partido. En la medida en que tuvo una dirección, ésta parece haber sido anarquista; la sospecha de los bolcheviques de que la revuelta había sido planeada o inspirada por emigrados blancos carecía de fundamento, aunque éstos sacaron mucho partido de ella *a posteriori*. Las negociaciones y las llamadas a la rendición no dieron fruto. El 17 de marzo, mientras el congreso debatía las propuestas de Lenin, unidades del Ejército Rojo avanzaron sobre la fortaleza a través del hielo. Tras una sangrienta batalla, en la que ambas partes lucharon con gran tenacidad, los rebeldes fueron derrotados y se tomó la fortaleza. Pero esta masiva revuelta de hombres, que hasta entonces habían sido honrados como héroes de la revolución, fue un golpe desconcertante para el prestigio y la confianza del partido. Esta situación bien puede haber incrementado la disposición del congreso a aceptar la Nueva Política Económica, así como las propuestas para endurecer la disciplina del partido y proporcionar más fuertes salvaguardias contra la disidencia dentro y fuera de él.

Cuando Lenin presentó ante el congreso la resolución que incluía las propuestas de la NEP, el debate fue somero. El desencanto ante el comunismo de guerra era general, y la crisis era demasiado aguda para permitir dilaciones. Quienes vacilaban se vieron consolados por la promesa de Lenin de que «las palancas de mando» de la industria permanecerían firmes en manos del Estado, y de que el monopolio del comercio exterior se mantendría intacto. La resolución fue aceptada, si no con entusiasmo, al menos de buen talante y por unanimidad formal. La más aguda diferencia de opinión en el congreso fue la surgida del acalorado debate sobre la cuestión de los sindicatos que se había desarrollado a lo largo del invierno. Trotski, inspirado por la experiencia de la guerra civil, y apoyado por Bujarin tras algunas dudas, propuso una vez más su plan para transformar a los sindicatos en «agrupaciones de producción» y hacerlos parte del «aparato del Estado obrero». En el extremo opuesto del espectro, la Oposición Obrera quería poner la organización y el control de la producción en manos de los obreros, representados por los sindicatos: el suyo era un punto de vista cuasi-sindicalista. Maniobrando entre las dos fracciones en lucha, Lenin consiguió finalmente unir al centro del partido en torno a una resolución que, sin embargo, bordeaba las principales cuestiones sin resolverlas. Se evitaba todo olor a «militarización». Los sindicatos eran reconocidos como «organizaciones de masas no partidarias», que tenían que ser ganadas. Sería un error incorporarlas a la maquinaria del Estado. Su instrumento propio era la persuasión, no la fuerza, aunque no se descartaba la «coerción proletaria». Los sindicatos habían manifestado siempre su interés por la producción; ya en 1920 el consejo central de los sindicatos había establecido un Instituto Central del Trabajo para el estudio y aprendizaje de métodos y técnicas destinados a la mejora de la productividad de los trabajadores. La resolución hacía hincapié en este aspecto de sus responsabilidades. Era función suya mantener la disciplina laboral y combatir el absentismo; pero esto debía hacerse mediante «tribunales de camaradas», no a través de los órganos del Estado. La resolución fue aprobada por una amplia mayoría, pero no sin que dos borradores discrepantes reunieran algunos votos minoritarios.

La violencia de la controversia causó impresión en el partido, y dejó marca en el congreso. Lenin hablaría de la «fiebre» que había sacudido al partido, y del «lujo de discusiones» y «disputas» que el partido malamente podía permitirse. El congreso adoptó una resolución especial bajo el título «Sobre la desviación sindicalista y anarquista en nuestro partido», en la que se declaraba que la difusión del programa de la Oposición Obrera era incompatible con la pertenencia al partido, así como una resolución general «Sobre la unidad del partido». Esta pedía «la completa abolición de todo fraccionalismo»; las cuestiones en disputa podían ser discutidas por todos los miembros del partido, pero quedaba prohibida la formación de grupos con «plataformas» propias. Una vez tomada una decisión, era obligatoria su obediencia incondicional. La infracción de esta regla podía conducir a la expulsión del partido. Una cláusula final, que fue mantenida secreta y tan sólo se publicó tres años más tarde, establecía que incluso los miembros del comité central podían ser expulsados por esta razón por una mayoría no inferior a los dos tercios de los miembros del comité. Estas disposiciones, destinadas a asegurar la lealtad y la uniformidad de opinión en el partido, parecieron necesarias y razonables en su momento. Como decía Lenin, «en una retirada la disciplina es cien veces más necesaria». Pero la concesión a la organización central del partido de lo que en la práctica era el monopolio del poder tendría consecuencias de largo alcance. En el apogeo de la guerra civil Lenin había aplaudido «la dictadura del partido», y sostenido que «la dictadura de la clase obrera se lleva a la práctica a través del partido». El corolario que extrajo el X Congreso fue la concentración de la autoridad en los órganos centrales del partido. El congreso concedió a los sindicatos cierta autonomía frente a los órganos del Estado obrero. Pero el papel que debían representar venía determinado por el monopolio de poder conferido a la organización del partido.

La severa prohibición de toda oposición dentro del partido fue el producto de la crisis que acompañó a la introducción de la NEP. El mismo proceso alcanzó lógicamente a los dos partidos de oposición de izquierda que habían sobrevivido a la revolución: los socialistas revolucionarios y los mencheviques. La disolución de la Asamblea Constituyente en enero de 1918 había proclamado la determinación de los bolcheviques de ejercer el poder supremo, sentando las bases del Estado de partido único. Pero durante los tres años siguientes —el período cubierto por la guerra civil— las relaciones mutuas entre el gobierno soviético y los dos partidos de izquierda fueron ambiguas y fluctuantes, y las medidas tomadas contra ellos fueron inconcluyentes. Pocas semanas después de la revolución, un grupo de socialistas revolucionarios de izquierda se escindió de su partido y formó una coalición con los bolcheviques; tres socialistas revolucionarios de izquierda fueron nombrados comisarios del Pueblo. La firma del tratado de Brest-Litovsk en marzo de 1918, que fue duramente denunciada tanto por los socialistas revolucionarios como por los mencheviques, condujo a su dimisión. Los socialistas revolucionarios de derecha se enfrentaron entonces abiertamente con el régimen, y fueron considerados responsables de los desórdenes de Moscú en el verano de 1918, así como del asesinato del embajador alemán y de dos dirigentes bolcheviques en Petrogrado, y del atentado contra la vida de Lenin (véase p. 35). El 14 de junio de 1918, los socialistas revolucionarios de derecha y los mencheviques fueron proscritos sobre la base de su asociación con «contrarrevolucionarios notorios». Su prensa era prohibida esporádicamente, pero reaparecía bajo otros nombres; incluso un periódico kadete se siguió publicando varios meses tras la revolución. El acoso intermitente, en vez de la implantación de una prohibición total, reflejaba la ambivalencia y las dudas por parte de las autoridades.

La guerra civil, que hizo más desesperada la situación del régimen, mejoró en un primer momento de alguna manera la posición de ambos partidos. Los mencheviques enfáticamente, los socialistas revolucionarios de forma menos consistente, denunciaron la acción de los blancos y de los gobiernos aliados que les ayudaban e instigaban, y de esta forma apoyaron implícitamente al régimen mientras seguían atacando sus medidas políticas interiores. La prohibición de los mencheviques fue levantada en noviembre de 1918, y la de los socialistas revolucionarios en febrero de 1919; y delegados mencheviques y socialistas revolucionarios intervinieron en las sesiones del Congreso Panruso de los Soviets en 1919 y 1920, aunque aparentemente sin derecho a voto. Durante la guerra civil, muchos mencheviques y algunos socialistas revolucionarios entraron en el partido bolchevique; muchos más se pusieron al servicio del régimen y trabajaron en instituciones soviéticas. Las masas seguidoras de ambos partidos, persistentemente hostigadas por las autoridades, comenzaron a desintegrarse. Cuando la guerra civil terminó, ya no existía base ulterior para la coalición o el compromiso. En vísperas de la introducción de la NEP se dijo que habían sido arrestados dos mil mencheviques, entre ellos la totalidad del comité central del partido, de forma que la extinción de la oposición menchevique coincidió con la supresión de la disidencia dentro del partido bolchevique gobernante. Muchos de estos detenidos fueron puestos en libertad más tarde y se permitió marchar al extranjero a los principales mencheviques. Pero un importante núcleo de dirigentes socialistas revolucionarios fueron juzgados en 1922 por actividades contrarrevolucionarias y sentenciados a muerte (sentencias que no se ejecutaron) o a largas penas de prisión.

Las ventajas ofrecidas al campesinado por la NEP, que de todas formas llegaban demasiado tarde para afectar a la siembra de 1921, se vieron retrasadas por una calamidad natural. Las cosechas quedaron arruinadas por la sequía en una amplia área, especialmente en Rusia central y en la cuenca del Volga. El hambre fue mucho más general que en la última gran hambre rusa de 1891 y causó estragos mucho mayores en una población muy debilitada y que había sufrido grandes pruebas. Los horrores del invierno siguiente, en el que millones de personas padecieron hambre, se vieron parcialmente mitigados por los suministros de las misiones extranjeras de ayuda, especialmente la Administración Americana de Socorro. Para 1922 las siembras se ampliaron. Las cosechas de ese año y de 1923 fueron excelentes y parecían anunciar un renacimiento de la agricultura soviética; de hecho se exportaron pequeñas cantidades de grano. Se observó que la NEP, al reintroducir los procesos de mercado en el campo, había invertido las medidas igualitarias del comunismo de guerra, potenciando la reaparición del campesino rico, o kulak, como figura clave de la economía rural. El campesino pobre producía para su propia subsistencia y la de su familia. Consumía lo que producía; si se dirigía al mercado era más a menudo como comprador que como vendedor. El kulak producía para el mercado, convirtiéndose en pequeño capitalista; ésta era la esencia de la NEP. El derecho a arrendar tierra y a emplear trabajo asalariado, teóricamente suprimido desde los primeros días de la revolución, fue concedido con algunas restricciones formales en el nuevo código agrícola de 1922. Pero en la medida en que los campesinos tenían bastante para comer y proporcionaban excedentes suficientes para alimentar a las ciudades, pocos, incluso entre los más devotos miembros del partido, se sintieron urgidos a desafiar aquella derogación de los ideales y principios revolucionarios que arrojaba tan afortunados resultados. Si la NEP había hecho poco o nada para ayudar a la industria y a los obreros industriales, y menos que nada para promover la causa de una economía planificada, estos problemas podían ser pospuestos sin ningún problema.

Fue en este momento cuando las diferencias subyacentes dentro del partido sobre el carácter del comunismo de guerra comenzaron a reflejarse en diferencias sobre las implicaciones prácticas y las consecuencias de la NEP. Cuando, en la atmósfera de crisis de 1921, se había aceptado por unanimidad la sustitución por la NEP de las más extremas medidas del comunismo de guerra, como una ayuda bien venida y necesaria, estas diferencias habían quedado arrinconadas, pero no habían sido plenamente resueltas. En la medida en que no se viera el comunismo de guerra como un avance en el sendero del socialismo, sino como una aberración dictada por las necesidades militares, una respuesta obligada a las urgencias de la guerra civil, la NEP sería una vuelta atrás desde una digresión lamentable, aunque sin duda obligada, y un regreso al sendero más seguro y más cauto que se había seguido hasta junio de 1918. En la medida en que se considerara el comunismo de guerra como una carrera demasiado precipitada y entusiasta hacia las etapas más altas del socialismo, prematura sin duda, pero por lo demás correctamente concebida, la NEP sería una retirada temporal de posiciones que resultaba imposible mantener por el momento, pero que tarde o temprano deberían ser recuperadas; y fue en este sentido en el que Lenin, cuyas posiciones no siempre eran coherentes, llamó a la NEP «una derrota» y «una retirada para un nuevo ataque». Cuando en el X Congreso Lenin dijo que la NEP se planteaba «seriamente y por largo tiempo» (pero añadió, respondiendo a una pregunta, que un cálculo de veinticinco años era «demasiado pesimista»), dio argumentos a la vez a favor del punto de vista de que la NEP era una corrección deseable y necesaria de los errores del comunismo de guerra y de la concepción de que la NEP a su vez tendría que ser corregida y superada en el futuro. La premisa implícita en el primer punto de vista era la necesidad práctica de tomar en cuenta una economía y una mentalidad campesinas atrasadas; la premisa implícita en el segundo era la necesidad de levantar la industria y no deteriorar más la posición de los obreros industriales que constituían el núcleo principal de la revolución. Estas diferencias, momentáneamente acalladas por la satisfacción ante la afortunada resolución de la aguda crisis atravesada por el partido en el invierno de 1920-1921, reaparecían dos años más tarde en medio de una nueva crisis de la economía y del partido.

5. El nuevo orden soviético

La llegada de la NEP, que tuvo la consecuencia impremeditada de fortalecer la autoridad central del partido, también potenció las fuerzas centralizadoras que ya estaban en marcha en la formación del Estado soviético. El entusiasmo de las masas en 1917 por la destrucción del poder del Estado se había desvanecido en un mundo de sueños irrealizados. Los recuerdos de estos sueños seguían atormentando a muchos miembros del partido. Pero desde Brest-Litovsk, y desde la guerra civil, la necesidad de crear un poder estatal suficientemente fuerte para enfrentarse a tales crisis había debido ser aceptada forzosamente; y esta necesidad se veía ahora reforzada por la de reconstruir la devastada y convulsionada economía de la nación. El período de la NEP no sólo daría forma a lo que iba a ser la estructura constitucional permanente de la URSS, sino que también determinaría las líneas que ésta iba a seguir durante muchos años en sus relaciones con los demás países.

Había llegado el momento de estabilizar las fluidas disposiciones constitucionales del régimen soviético. En julio de 1918 se promulgó una constitución de la República Socialista Federativa Soviética de Rusia (RSFSR). Se abría con la «Declaración de Derechos del Pueblo Trabajador y Explotado» que había proclamado seis meses antes el Congreso Panruso de los Soviets (véase p. 21 *supra*). Confería la autoridad suprema a un Congreso Panruso de los Soviets compuesto por delegados elegidos por los soviets de las ciudades y las provincias, con un sistema de representación fuertemente sesgado a favor de las ciudades, lugar de residencia de los obreros. El derecho al voto se restringía a quienes «se ganan la vida en la producción o en un trabajo socialmente útil», junto con los soldados y personas inválidas. El congreso eligió un Comité Ejecutivo Central Panruso (VTsIK) para ejercer la autoridad en su nombre en los intervalos entre las sesiones; y a su vez el VTsIK nombró un Consejo de Comisarios del Pueblo (Sovnarkom), cuyas principales funciones eran administrativas, pero que también tenía autoridad para emitir órdenes y decretos, así que no se trazaba una clara línea de demarcación entre los poderes del Sovnarkom y los del VTsIK. La constitución también enunciaba principios generales como la separación de la Iglesia y el Estado; la libertad de palabra, de opinión y de reunión para los trabajadores; la obligación para todos los ciudadanos de trabajar, sobre la base del principio «el que no trabaja, no come»; la obligación del servicio militar para la defensa de la república; y la abolición de toda discriminación por razones de raza o nacionalidad. El caos de la guerra civil impedía una definición del territorio de la república. El término «federativa» en el título de la república no tenía un significado exacto: cubría tanto la incorporación a la RSFSR de repúblicas y regiones «autónomas», habitadas principalmente por poblaciones no rusas, como el establecimiento de lazos entre la RSFSR y otras repúblicas soviéticas que se hubieran proclamado, o se llegaran a proclamar, en otras partes del antiguo Imperio ruso. En un primer momento estos lazos tomaron la forma de una alianza más que de una federación. La RSFSR concluyó tratados de alianza con las repúblicas soviéticas de Azerbaiyán y de Ucrania en septiembre y diciembre de 1920, y con las de Bielorrusia, Armenia y Georgia en 1921. El proceso de unificación encontró resistencias en Ucrania, donde un gobierno nacional antisoviético había sido una de las varias autoridades rivales durante la guerra civil, y en Georgia, donde se había instalado un gobierno menchevique. Se utilizó el poder militar para expulsar a los disidentes y establecer impecables gobiernos bolcheviques. El uso de la fuerza podía justificarse más fácilmente en Ucrania, que se había visto profundamente envuelta en la guerra civil, y donde los ejércitos rivales habían reducido a buena parte del país a la anarquía, que en Georgia, que siguió siendo por mucho tiempo un miembro reacio y turbulento de la federación de repúblicas soviéticas.

Al avanzar el país en su conjunto hacia la recuperación económica y buscar una reanudación de sus contactos con el mundo exterior, parecía natural y necesario que a este propósito funcionara como una unidad. Si bien la forma, y en parte la realidad, de la autonomía local se mantenían cuidadosamente, el Partido Comunista Ruso, al que los partidos regionales estaban afiliados, mantenía una disciplina uniforme; y las principales decisiones de política económica y exterior se tomaban en Moscú. El primer paso fue persuadir a las tres repúblicas transcaucásicas —Armenia, Georgia y Azerbaiyán— para que se unieran en una República Socialista Federativa Transcaucásica. Después, en diciembre de 1922, se celebraron por separado congresos en las cuatro repúblicas —la RSFSR y las repúblicas de Ucrania, Bielorrusia y Transcaucásica— que aprobaron la formación de una Unión de Repúblicas Socialistas Soviéticas (URSS). Finalmente, delegados de las cuatro repúblicas se reunieron conjuntamente, se autoconstituyeron como I Congreso de los Soviets de la URSS y eligieron un comité con el encargo de redactar una constitución. La constitución de la URSS fue aprobada por el comité en julio de 1923 y ratificada formalmente por el II Congreso de los Soviets de la URSS en enero de 1924.

La constitución tomaba como modelo la constitución original de la RSFSR. El soberano Congreso de los Soviets de la Unión se componía de delegados de los congresos de los soviets de las repúblicas constituyentes, siendo la representación proporcional a la población de cada república. El congreso elegía un comité ejecutivo central (TsIK) que nombraba a un Sovnarkom de la URSS. La organización de los comisariados del pueblo era complicada. Los asuntos exteriores, el comercio exterior, las cuestiones militares y «la lucha contra la contrarrevolución» realizada por la Cheka, ahora rebautizada OGPU («Administración Política Unificada del Estado»), se reservaban exclusivamente a las autoridades de la Unión; cada república tenía su GPU, directamente subordinada, sin embargo, a la OGPU. La mayor parte de los asuntos económicos quedaban sujetos a un sistema de comisariados «unificados»; había comisariados de la Unión y comisariados de las repúblicas, y estos últimos disfrutaban de un cierto grado de independencia. En otros campos de la administración, incluyendo la agricultura, los asuntos interiores, la sanidad y la educación, tan sólo las repúblicas tenían comisariados, sin contrapartida en la Unión. Formalmente la URSS era una federación de repúblicas. Pero la omisión de la palabra «federativa» de su título era quizá significativa, ya que sus tendencias unificadoras eran evidentes desde un comienzo. La RSFSR contribuía con más del 90 por 100 de la población de la Unión y con un 75 por 100 de su superficie. Las otras repúblicas tenían razones para sospechar que la URSS era poco más que una ampliación del poder de la RSFSR y que representaba la extensión sobre ellas de la autoridad central de Moscú. En el comité que redactó la nueva constitución se oyeron voces de discrepancia, especialmente de los delegados ucranianos y bielorrusos.

Un intento de responder a estas objeciones condujo a una notable innovación, destinada a reconocer la igualdad formal de las repúblicas. El TsIK de la URSS fue dividido en dos cámaras. La primera cámara, mucho más amplia, el Consejo de la Unión, estaba formada por delegados elegidos proporcionalmente a la población de las repúblicas; con ello se reconocía la enorme preponderancia de la RSFSR. Los delegados a la segunda cámara, el Consejo de las Nacionalidades, serían elegidos sobre la base de la igualdad de los grupos nacionales, cinco por cada una de las cuatro principales repúblicas y cada una de las repúblicas autónomas, y uno por cada región autónoma. Pero estas complejas disposiciones no tenían ningún significado práctico en el proceso de toma de decisiones políticas, pues ambas cámaras sólo se reunían normalmente para escuchar, y acoger favorablemente, las declaraciones de la política oficial (y en ocasiones se reunían conjuntamente para escuchar importantes discursos), y las cuestiones polémicas se suscitaban rara vez, y nunca se votaban. Las sesiones periódicas del congreso y del TsIK, cuya composición sería ampliada con el tiempo, no tomaban decisiones. Pero proporcionaban un importante medio para establecer contacto con representantes de las regiones exteriores y a menudo primitivas de la Unión, y para popularizar y dar a conocer a través de toda la Unión las principales decisiones políticas tomadas en Moscú; su principal función no era debatir, sino instruir, persuadir y exhortar. La constitución de la URSS y de sus unidades constituyentes servía a propósitos muy diferentes de los de las constituciones de los países occidentales, con las que sólo guardaba la más superficial de las similitudes.

La compleja estructura étnica del Asia central, y sus puntos de contacto con el mundo musulmán, constituía un problema especial. Las repúblicas de Bujara y Jorezm, en el Asia central, aunque habían sido traídas a la órbita de Moscú mediante tratados de alianza con la RSFSR, fueron excluidas de estas disposiciones sobre la base de que todavía no eran socialistas. El Asia central no sería reorganizada sobre bases nacionales hasta 1925; las Repúblicas Socialistas Soviéticas de Uzbekistán y Turkmenistán, con sus unidades autónomas subordinadas, se incorporarían a la URSS como sus quinta y sexta repúblicas constituyentes.

La estructura de la organización del partido no era en el curso de los acontecimientos un factor menos importante que la estructura de los soviets. La autoridad suprema del partido quedaba conferida entre congresos al comité central. El comité que tomó las vitales decisiones de emprender la insurrección en octubre de 1917, y más tarde de firmar el tratado de Brest-Litovsk, estaba formado por 22 miembros. En el subsiguiente período de crisis aguda, este organismo resultó demasiado inmanejable para acciones rápidas, y las decisiones sobre cuestiones cruciales quedaron en la práctica en manos de Lenin en consulta con otros altos dirigentes. El VIII Congreso del partido en marzo de 1919 eligió un comité central de diecinueve miembros plenos más ocho suplentes, que podían asistir a las reuniones pero sin voto. Pero este comité nombró un Politburó de cinco miembros, responsable de las decisiones políticas, y un Orgburó para controlar las cuestiones de organización del partido; y esto supuso la atrofia del comité central como fuente efectiva de autoridad. El congreso también reorganizó el secretariado, colocándolo bajo la gestión de tres secretarios «permanentes», miembros del comité central del partido; y en el período siguiente el secretariado renovado experimentó una rápida expansión, adquiriendo una plantilla de varios cientos de funcionarios, divididos en departamentos encargados de las diferentes ramas de actividad del partido. La estructura del partido tomó la forma que mantendría a lo largo de los años veinte, aunque los procesos ya en marcha tardarían varios años en desarrollarse plenamente. La creación de una poderosa maquinaria de partido proporcionaría más tarde un instrumento para la dictadura de Stalin. Hasta 1925 se celebraron anualmente congresos del partido; desde esa fecha se celebraron con menos regularidad, alternando con conferencias del partido pequeñas y menos formales; y el comité central se reunía tres o cuatro veces al año. Estos organismos siguieron siendo un foro para el debate de las cuestiones importantes, aunque la manipulación por el secretariado de la elección de delegados hiciera inevitables los resultados del debate. Tan sólo el Politburó, ampliado a siete y luego a nueve miembros, con varios suplentes, permaneció como fuente de decisiones al más alto nivel a lo largo de los años veinte; y como la autoridad del partido, en un Estado de partido único, era obligatoria para todas las decisiones y actividades del gobierno soviético, el Politburó del partido se convirtió en el órgano supremo de toma de decisiones políticas en la URSS.

El fortalecimiento de las organizaciones soviéticas y del partido vino acompañado por una consolidación de las relaciones soviéticas con el mundo exterior. Incluso en los días del comunismo de guerra, cuando las ideas sobre la revolución mundial predominaban en Moscú, las escasas oportunidades de contacto directo con los gobiernos de los países occidentales no fueron descuidadas. En enero de 1920, representantes de las cooperativas rusas discutieron en París con representantes de los gobiernos occidentales la reanudación del intercambio de bienes con la Rusia soviética; y en Copenhague Litvinov negoció un acuerdo para la repatriación mutua de prisioneros. El 2 de febrero de 1920 se firmó un tratado de paz con Estonia; y Lenin comentó: «hemos abierto una ventana a Europa que intentaremos utilizar tanto como nos sea posible». En el congreso del partido de marzo de 1920, Lenin habló de la necesidad «de maniobrar en nuestra política internacional». Pocos días más tarde, Krasin, el único bolchevique importante con experiencia extranjera en el campo industrial y comercial, partió a Escandinavia con una amplia delegación de «expertos comerciales», que fue cortésmente recibida en Londres en mayo. Estas aperturas fueron cortadas en seco por la guerra con Polonia, que inspiró un recrudecimiento de las esperanzas revolucionarias en Moscú y una nueva oleada de aprensión y animosidad en Occidente. Pero en el otoño de 1920 quedó restaurada la paz. Una compañía comercial rusa se registró en Londres bajo el nombre de Arcos (All-Russian Cooperative Society: Sociedad Cooperativa Rusa); y Krasin empleó buena parte del invierno en negociar en Londres con el gobierno británico y con firmas interesadas en pedidos para la Rusia soviética. Por último, tan sólo una semana después de que Lenin hubiera introducido la NEP en el congreso del partido en Moscú, se firmó en Londres un tratado comercial anglo-soviético el 16 de marzo de 1921.

El acuerdo comercial fue correctamente proclamado como una ruptura y un cambio decisivo en la política soviética. Las partes acordaban no poner obstáculos al comercio mutuo y, a falta de reconocimiento diplomático formal, intercambiar representantes comerciales oficiales. Desde el punto de vista británico, la cláusula más importante era aquella en la que cada parte se comprometía a «abstenerse de acciones o compromisos» y de toda «propaganda oficial, directa o indirecta» contra la otra. Se mencionaba en particular toda «acción o propaganda destinada a incitar a cualquiera de los pueblos de Asia a toda forma de acción hostil contra los intereses británicos o el Imperio británico». El tratado de Brest-Litovsk había incluido de forma menos elaborada un compromiso a abstenerse de toda propaganda hostil. Pero las circunstancias eran diferentes. Aquel tratado se había concluido bajo condiciones que se esperaba no duraran, y que no duraron. El acuerdo anglo-soviético estaba planteado, como la NEP, «seriamente y por largo tiempo». Anunciaba un cambio de acento en la política soviética. Se continuarían haciendo pronunciamientos sobre la revolución mundial, pero consciente o inconscientemente se les vería cada vez más como un ritual prescrito, que no afectaba a la marcha normal de los asuntos. Comenzaron a surgir a la superficie las incompatibilidades latentes entre la política del Comisariado del Pueblo para los Asuntos Exteriores y la de la Comintern.

El telón de fondo de la aproximación soviética a Gran Bretaña era económico: el deseo de facilitar un comercio mutuamente provechoso. El telón de fondo de la aproximación a Alemania fue primariamente político, enraizado en la oposición común al tratado de Versalles y en la común antipatía hacia las aspiraciones polacas. Radek, que pasó la mayor parte de 1919 encarcelado o bajo arresto domiciliario en Berlín, se las arregló para entrar en contacto con alemanes de muy diferentes medios sociales, predicándoles a todos ellos las virtudes de la cooperación germano-soviética. Las relaciones oficiales germano-soviéticas habían quedado cortadas desde el asesinato del embajador alemán en Moscú, en 1918. En el verano de 1920 volvió a ser recibido en Berlín un representante soviético, y un representante alemán fue recibido en Moscú. La guerra de Polonia dio un fuerte estímulo a las relaciones amistosas entre sus dos vecinos. Era sabido que Trotski estaba a favor de un acuerdo con Alemania; y en noviembre de 1920, en un discurso público, Lenin señaló que «aunque el gobierno burgués alemán odia furiosamente a los bolcheviques», no obstante, «los intereses de la situación internacional le empujan contra su voluntad hacia la paz con la Rusia soviética». La política soviética era todavía ambivalente, estando dividida entre la diplomacia y la búsqueda de la revolución. El 17 de marzo de 1921, el Partido Comunista Alemán comenzó una insurrección armada contra el gobierno, insurrección conocida en la historia del partido como «la acción de marzo». La empresa venía ciertamente apoyada, quizá incluso impuesta, por Zinoviev y los funcionarios de la Comintern; es más dudoso que estuvieran envueltos en ella los otros dirigentes soviéticos, gravemente preocupados en ese momento por la revuelta de Kronstadt y por el congreso del partido. Pero la derrota de la insurrección alemana debió disminuir aún más las desvanecientes esperanzas de Moscú sobre las revoluciones en Occidente y fortalecer la mano de quienes veían como meta inmediata la acomodación diplomática con los países occidentales.

Un rasgo de las relaciones germano-soviéticas en esta época fue la búsqueda de colaboración militar, a causa de la prohibición de la fabricación de armamentos en Alemania impuesta por el tratado de Versalles. En abril de 1921, el representante soviético en Berlín, Kopp, tras discusiones secretas con el Reichswehr, volvió a Moscú con un plan para la fabricación en la Rusia soviética, por firmas alemanas, de cañones y proyectiles, aviones y submarinos. La respuesta fue favorable, y durante el verano una delegación militar alemana visitó Moscú. En septiembre de 1921 se cerró un acuerdo tras reuniones en Berlín, en las que Krasin y Seeckt, cabeza del Reichswehr, fueron los principales negociadores; parece que éste fue el primer momento en que Seeckt comunicó al gobierno civil alemán lo que estaba en marcha. El proyecto de construcción de submarinos fue abandonado. Pero las fábricas alemanas en la Rusia soviética pronto estuvieron dedicadas a la producción de cañones, proyectiles y aviones. También se introdujeron tanques en el programa, y se hicieron experimentos en guerra con gases. Los productos de estas empresas eran suministrados tanto al Reichswehr como al Ejército Rojo. Más tarde, oficiales alemanes entrenarían a personal del Ejército Rojo en la guerra con tanques y en la aviación militar. Estos arreglos fueron mantenidos en el más absoluto secreto. En la prensa soviética no se hizo ninguna mención de ellos; y durante largo tiempo fueron ocultados con éxito al público y a los políticos alemanes, así como a los aliados occidentales. Muy lejos estaban los días en que, inmediatamente después de la revolución, los bolcheviques habían denunciado los tratados secretos concluidos por el gobierno zarista con los aliados durante la guerra. Mientras, se fortalecieron las relaciones económicas germano-soviéticas mediante la creación de «compañías mixtas» y el otorgamiento de «concesiones» en la Rusia soviética a firmas alemanas.

A comienzos de 1922 los gobiernos soviético y alemán fueron invitados a asistir a una conferencia internacional que se reunió en Génova el 10 de abril. La conferencia era un audaz intento de Lloyd George, su más activo promotor, para forjar de nuevo los vínculos de unión con Alemania y la Rusia soviética, hasta este momento marginadas de la comunidad europea. Lenin acogió la invitación con cauteloso entusiasmo. «Vamos allí —explicó— como comerciantes, pues el comercio con los países capitalistas (en la medida en que no se han venido abajo) es incondicionalmente necesario para nosotros, y vamos allí a discutir [...] las condiciones políticas apropiadas para este comercio.» Chicherin, Krasin y Litvinov encabezaron la delegación soviética, la primera de este tipo que asistía a una conferencia internacional en términos de igualdad con las delegaciones de las demás grandes potencias. La conferencia fue un fracaso, en parte a causa de la inflexible oposición francesa a los propósitos de Lloyd George, y en parte a causa de la incapacidad de los negociadores ingleses y soviéticos para llegar a un acuerdo en la cuestión de las deudas y responsabilidades soviéticas. El gobierno soviético estaba dispuesto en principio a reconocer las deudas del antiguo gobierno ruso anteriores a la guerra (aunque no las deudas de guerra), pero sólo contando con la concesión de un crédito extranjero sustancial para facilitar su liquidación. El gobierno soviético rehusaba rescindir los decretos por los que se nacionalizaban las empresas extranjeras, pero estaba dispuesto, bajo ciertas condiciones, a permitir a las firmas extranjeras volver a ocupar sus antiguas empresas bajo la forma de «concesiones». Ninguna dosis de habilidad podía obviar estas diferencias.

La llegada de las negociaciones a un punto muerto produjo, paradójicamente, el único resultado concreto de la conferencia. Durante algún tiempo, diplomáticos soviéticos y alemanes habían estado discutiendo en Berlín los términos de un tratado político. La delegación soviética en Génova, al no haber conseguido ningún resultado de los aliados occidentales, presionó entonces a la delegación alemana, encabezada por el ministro de Asuntos Exteriores, Rathenau, para que se completara y firmara sin dilación el tratado; y la delegación alemana, igualmente desilusionada por los resultados de la conferencia, aceptó. El tratado se firmó en Rapallo el 16 de abril de 1922, precipitadamente y en secreto. El contenido del tratado de Rapallo no era nada extraordinario. Las únicas cláusulas operativas preveían la renuncia mutua a reclamaciones financieras y el establecimiento de relaciones diplomáticas y consulares. Pero, en cuanto demostración de solidaridad contra los aliados occidentales, el tratado sacudió a la conferencia y causó un duradero impacto sobre la escena internacional. La Rusia soviética se había asegurado una posición negociadora entre las potencias europeas. Las maniobras, concebidas originalmente como expedientes para salvar una crisis, se estaban convirtiendo en un procedimiento aceptado.

Dentro de la Comintern, ya en el III Congreso de junio de 1921 se pudieron advertir signos del cambio de talante. El efervescente entusiasmo revolucionario del II Congreso, un año antes, se había evaporado. Había sucedido lo que los bolcheviques habían considerado inicialmente imposible: la república socialista soviética se había mantenido, y mostraba todos los signos de continuar manteniéndose, en un entorno capitalista. En el congreso Lenin se encontró a la defensiva tanto en las cuestiones internas como en las internacionales. Debió esforzarse en explicar la necesidad de la NEP y del vínculo con el campesinado a una audiencia cuyos miembros extranjeros eran abiertamente escépticos sobre esta interpretación de la revolución proletaria. Admitió que el progreso de la revolución mundial no se había producido «en línea recta como nosotros esperábamos», y recomendó «un profundo estudio de su desarrollo concreto». Trotski subrayó que, mientras en 1919 la revolución mundial había parecido cuestión de meses, ahora era «quizá cuestión de años». La cautela práctica había reemplazado el inmoderado entusiasmo del congreso anterior.

Se empleó mucho tiempo en analizar el fracaso de la «acción de marzo» en Alemania, y las divisiones internas de la izquierda italiana. Las «21 condiciones» de admisión a la Comintern elaboradas por el II Congreso habían provocado la escisión de varios de los principales partidos extranjeros, y conducido a la exclusión de los simpatizantes que no estuvieran dispuestos a aceptar la rígida disciplina que aquéllas imponían. Una vez que la primera ola revolucionaria había entrado en reflujo, tan sólo una minoría de obreros se sentía particularmente vinculada al comunismo en los países occidentales. Se veía el peligro de que los partidos comunistas pudieran degenerar en pequeñas sectas unidas por una rígida doctrina y aisladas del cuerpo principal de los trabajadores; se advirtió a los partidos inglés y norteamericano, en particular, que era «cuestión de vida o muerte no quedar reducidos a sectas». Se hizo nuevo hincapié en la necesidad de acercarse a «las masas». Seis meses después del congreso, el IKKI lanzó una proclama sobre el «frente único de los trabajadores». Era una llamada a los comunistas para cooperar con otros obreros y miembros de partidos de izquierda en plataformas conjuntas para propósitos específicos. Sin embargo, como era una condición imperativa que los comunistas no debían sacrificar su independencia o su derecho a la crítica, la concepción del frente único no dejaría de ser ambigua, y daría origen a muchas fricciones y malentendidos en los años siguientes.

El nuevo giro en la política exterior que acompañó a la introducción de la NEP se extendió también a las relaciones soviéticas con los países orientales. En febrero de 1921 se firmaron tratados con Afganistán y Persia, y el mismo día del acuerdo anglo-soviético, el 16 de marzo de 1921, se firmó un tratado con Turquía. El tratado con Persia parecía difícil de reconciliar con el apoyo que en aquel mismo momento prestaban agentes soviéticos a un dirigente rebelde que estaba tratando de crear una república independiente en el norte de Persia. Pero este apoyo fue retirado durante el verano, y la revuelta se vino abajo. El tratado con Turquía, que proclamaba la solidaridad de los dos países «en la lucha contra el imperialismo», causó problemas mayores y más duraderos. Tres meses antes de su firma había sido asesinado por agentes de Kemal el dirigente del ilegal Partido Comunista Turco, y otros comunistas turcos habían sido detenidos o asesinados; y la supresión del comunismo era un objetivo que el régimen de Kemal proclamaba a los cuatro vientos. Esto fue dado de lado en aras del interés común de resistir a la intervención británica en Turquía. La obligación impuesta por el tratado anglo-soviético de abstenerse de toda propaganda contra el Imperio británico en Asia también hizo forzosa cierta contención pública. Aunque Lenin aseguró al III Congreso de la Comintern que «el movimiento revolucionario entre cientos de millones de los pueblos oprimidos de Oriente crece con notable vigor», el congreso mismo, a diferencia de su antecesor, guardó silencio sobre las cuestiones orientales. Lenin, al pronunciar su último discurso —ya enfermo— ante un congreso de la Comintern en noviembre de 1922, concluyó que «lo más importante del período en que estamos entrando es estudiar para llegar a comprender realmente la organización, la estructura, el método y el contenido de la labor revolucionaria». Era un final en tono bajo.

Por otra parte, el gobierno soviético aparecía de forma más decidida que hasta entonces como el defensor de los tradicionales intereses rusos. Para un país casi totalmente rodeado de tierra, el paso desde el mar Negro al Mediterráneo a través de los estrechos había sido siempre un punto sensible. El tratado turco-soviético del 16 de marzo de 1921 garantizaba el libre paso «para el comercio de todas las naciones». Pero la cuestión era el paso de barcos de guerra. Turquía había protestado contra el uso de los estrechos por barcos de guerra extranjeros, sin su consentimiento, como una infracción de su soberanía. La Rusia soviética, con sus mermadas fuerzas navales y su temor a incursiones extranjeras en el Mar Negro, apoyó vigorosamente la protesta. En el otoño de 1922 se reunió en Lausana una conferencia para fijar los términos de la paz entre las potencias occidentales y Turquía, y en ella la cuestión se planteó inevitablemente; y, de forma bastante inesperada, el gobierno soviético fue invitado a participar «en la discusión de la cuestión de los estrechos». Chicherin encabezó la delegación soviética, y su enfrentamiento con Curzon, considerado entonces el principal campeón del imperialismo británico en Oriente, recibió amplia publicidad. La cuestión se resolvió mediante un compromiso; y el gobierno soviético firmó la convención resultante, pero nunca la ratificó. Lo que se había logrado era el reconocimiento general de la Rusia soviética como el heredero de los derechos e intereses del antiguo Imperio ruso.

6. La crisis de las tijeras

El «vínculo con el campesino» que la NEP debía establecer siguió siendo durante varios años el lema de la política soviética. Pocos dudaban de su necesidad. «Sólo un acuerdo con el campesinado —había dicho Lenin en el X Congreso— puede salvar la revolución socialista en Rusia hasta que la revolución haya tenido lugar en otros países.» Cuando la agricultura revivió rápidamente, tras la terrible hambre de 1921-1922, y la recuperación comenzó a extenderse a otros sectores de la economía, la NEP se vio triunfalmente vindicada. Sin embargo, una vez que el peligro quedó superado, y que los recuerdos de las privaciones del comunismo de guerra se hundieron en el pasado, el clima de alivio y de conformidad se desvaneció lentamente, superado por un sentimiento de incomodidad ante un alejamiento tan radical de las esperanzas y expectativas de avance hacia el socialismo que habían inspirado los primeros triunfos de la revolución. A largo plazo alguien debía pagar el precio de las concesiones hechas al campesino; y algunas consecuencias de la NEP, directas o indirectas, resultaron inesperadas e inconvenientes. En poco más de dos años el país se encontraba padeciendo una nueva crisis que, aunque menos dramática que la que había precedido a la introducción de la NEP, afectaba profundamente a todos los sectores de una economía ahora en expansión.

El impacto de la NEP sobre la industria fue menos directo que sobre la agricultura, y principalmente negativo. Su primer efecto fue estimular la recuperación de las industrias rurales y artesanales no sólo porque estas industrias habían sufrido menos que la industria fabril durante la guerra civil, y podían ser reincorporadas más fácilmente a la producción, sino también porque eran las principales suministradoras de los bienes de consumo simples que el campesino quería comprar con los ingresos de la venta de sus productos agrícolas. Se interrumpió la campaña de nacionalización de la industria. La industria a gran escala (las «palancas de mando» de Lenin) permaneció en manos del Estado, pero con dos importantes modificaciones. En primer lugar, se llevó a cabo una considerable descentralización. La industria del Estado fue dividida en tres categorías: «local», «de las repúblicas» y «de la Unión». La industria «de la Unión» era administrada por el Vesenja de la URSS; la industria «de las repúblicas» por los Vesenjas de las repúblicas constituyentes; y, dentro de las repúblicas, las provincias y las regiones crearon sus propios Consejos de Economía Nacional (Sovnarjozi), responsables de la industria local. Los órganos superiores ejercían sobre los inferiores un grado variable de supervisión. Pero una considerable autonomía era inevitable por razones prácticas. Se fomentó la industria privada en los niveles inferiores. Las empresas que empleaban a menos de 20 trabajadores quedaron exentas de nacionalización. Las grandes empresas que habían sido ya tomadas podían ser devueltas en arriendo a empresarios individuales, con frecuencia a sus propietarios originales. Las industrias rurales, artesanales y cooperativas funcionaban y se expandían con aprobación oficial.

En segundo lugar, se abolió la administración directa de la industria fabril por el Vesenja a través de sus *glavki* y sus centros. Las industrias fueron organizadas en *trusts,* que administraban un grupo de empresas como una sola entidad; el número medio de empresas en un *trust* era de diez. Los mayores *trusts* se encontraban en las industrias textil y metalúrgica; el mayor *trust* del textil empleaba a unos 50.000 trabajadores. El rasgo principal de los *trusts* era que su financiación ya no corría a cargo del presupuesto del Estado, sino que se les instruyó para trabajar sobre los principios de la contabilidad comercial *(jozraschot)* y para obtener ganancias que, tras realizar algunas deducciones, se pagarían al Estado como propietario del capital fijo de las empresas. Algunas industrias esenciales seguían obligadas a entregar una parte de su producto a las instituciones del Estado. Por lo demás, la industria, como los campesinos, era libre para vender sus productos en el mercado al precio que pudiera conseguir por ellos. Estas disposiciones estaban en consonancia con el espíritu de la NEP. Pero fueron criticadas en algunos círculos del partido; y en 1923, una tajante instrucción del Vesenja a los *trusts* para obtener «ganancias máximas» provocó una desfavorable publicidad.

Un año después de la introducción de la NEP, el estímulo que ésta había dado a la disponibilidad y circulación de mercancías de todo tipo podía ser visto con cierto grado de complacencia. Lenin era consciente de los peligros de la «libertad de comercio» que, como él mismo dijo en el X Congreso, «conduce inevitablemente a la victoria del capital, a su completa restauración». En un primer momento parece haberse planteado el intercambio de bienes entre la ciudad y el campo como un grandioso sistema de trueque organizado. Pero, como admitiría más tarde, «el intercambio de bienes se desencadenó» y «se convirtió en compraventa»; y escandalizó a algunos incondicionales del partido al decir a sus oyentes que «aprendieran a comerciar». En 1922 se estableció en Moscú una Bolsa Comercial. La intención, sin duda, era ejercer algún tipo de control público sobre los procesos comerciales. El resultado fue facilitar las operaciones de una nueva clase de comerciantes a los que rápidamente se llamaría «hombres de la NEP». El pequeño comercio privado no se había extinguido nunca por completo, ni siquiera bajo el comunismo de guerra; el famoso mercado de Sujareva en Moscú era un abuso conocido y tolerado. La clase ascendente de los hombres de la NEP no estaba formada ya por pequeños comerciantes, sino por empresarios comerciales a gran escala que extendían sus tentáculos por todos los sectores de la economía. Los grandes *trusts* industriales todavía podían controlar por completo el mercado para sus productos. Bajos los auspicios del Vesenja se abrieron en Moscú y en algunas otras ciudades comercios al por menor, conocidos como GUM (Almacenes Generales del Estado). Pero al principio no tuvieron mucho éxito; y las cooperativas de consumo existentes hicieron pocos avances. En todas partes, el comercio al por menor estaba dominado y fomentado por los hombres de la NEP. Cuando el comercio comenzó a fluir con creciente abundancia, un aire de prosperidad retornó a los barrios acomodados de la capital. Muchos rasgos que antes habían sido familiares, y prohibidos después por la revolución, reaparecieron en el paisaje. En una visita que hizo a la ciudad en septiembre de 1922, Krasin escribió a su mujer que «Moscú parece normal, en algunas partes tal como era antes de la guerra». Los visitantes extranjeros comentaban triunfalmente o con aspereza, según su inclinación, la reaparición de fenómenos «capitalistas», como la existencia de prostitutas por las calles y camareros y taxistas serviles en busca de propina. Para los beneficiarios de la NEP, las perspectivas parecían de color de rosa. Lo peor parecía haber pasado. La escasez y las tensiones del comunismo de guerra se habían relajado. La recuperación estaba en marcha.

Al cabo de poco tiempo, sin embargo, las implicaciones profundas de la NEP se revelaron a través de varias crisis interconectadas. La primera fue una crisis de precios. Una vez levantados los controles del comunismo de guerra, los precios oscilaban salvajemente. Un comité de precios nombrado en agosto de 1921, y una comisión para el comercio interior creada en mayo de 1922, se revelaron totalmente inefectivos. El hambre de productos agrícolas de las ciudades superaba el hambre de productos industriales del campesino, así que en un primer momento los precios agrícolas se dispararon en relación a los precios industriales. La industria, descapitalizada y privada de fuentes de crédito, sólo se podía autofinanciar mediante la venta de sus productos en un mercado en disminución, lo que deprimía aún más los precios industriales. Este proceso, que alcanzó su clímax en el verano de 1922, se tradujo en una crisis de mano de obra. Bajo el comunismo de guerra, la fuerza de trabajo, como cualquier otra mercancía, había escaseado, siendo impensable el desempleo. El servicio obligatorio de trabajo tenía la ventaja de asegurar raciones de comida para los trabajadores movilizados. Ahora se abandonó gradualmente el trabajo obligado, excepto en los campos de trabajo penales, y reapareció el empleo libre asalariado; los sindicatos comenzaron a negociar convenios colectivos en representación de sus miembros. Pero ahora el número de puestos de trabajo era menor que el número de obreros que buscaban uno. Durante largo tiempo los patronos seguirían suministrando raciones de comida a sus obreros; pero ahora se trataba de pagos en especie, calculados a precio de mercado, en vez de salarios. Las extravagantes oscilaciones del índice de precios convertían las tasas salariales en continuo motivo de disputas, en las que el obrero estaba en mala posición para negociar. Frecuentemente se producían atrasos en los salarios a causa de la incapacidad de las empresas para encontrar el dinero necesario para pagarlos.

El estatuto de los sindicatos se regía por el compromiso, en buena medida sólo aparente, alcanzado en el X Congreso del partido de marzo de 1921, compromiso cuyas limitaciones se pondrían de relieve en el congreso de los sindicatos, celebrado dos meses más tarde. Tomski, que no había logrado frenar un intento de reabrir las cuestiones decididas en el congreso del partido, recibió una severa reprimenda y fue destituido por orden de las autoridades del partido de su puesto de presidente del consejo central de los sindicatos, siendo enviado en misión a Asia central. Puede que fuera significativa la sucesión de Tomski como presidente por Andreiev, originalmente partidario de la plataforma sindical de Trotski. Pero esto no devolvió la paz a los sindicatos. En enero de 1922 el Politburó intervino una vez más con una resolución que reconocía la existencia de «una serie de contradicciones entre las diferentes tareas de los sindicatos»: especialmente una contradicción entre «la defensa de los intereses de las masas trabajadoras» y el papel de los sindicatos como «participantes en el poder del Estado y constructores de la economía nacional en su conjunto». Esta fórmula parece haber abierto el camino para la rehabilitación de Tomski, quien volvió a su antiguo puesto de presidente en el siguiente congreso de los sindicatos, celebrado en septiembre de 1922. El congreso intentó una vez más definir el papel de los sindicatos. Su función era «defender incondicionalmente los derechos de los trabajadores». Por otra parte, seguía siendo obligación suya el mantener y mejorar la productividad, considerada como contribución de los trabajadores a la construcción de un orden socialista; y aunque las huelgas no quedaban formalmente prohibidas, el camino adecuado para resolver las disputas era la negociación entre los sindicatos y el patrono o administración económica concernidos. Merece la pena señalar que en ningún momento parece haberse establecido una distinción importante entre el papel de los sindicatos en las empresas privadas y en las del Estado. Ambos tipos de empresas contribuían a la producción imprescindible; y era importante que este proceso no sufriera interrupciones.

El descontento entre los trabajadores se veía avivado por el estatus e influencia crecientes de los llamados «administradores rojos». Durante la guerra civil se habían empleado antiguos oficiales zaristas para reconstruir y mandar el Ejército Rojo; de la misma manera, para reavivar las industrias esenciales, se había presionado a servir como administradores de las empresas nacionalizadas a antiguos administradores (y a veces propietarios) de fábricas, so capa de «especialistas», ocasionalmente bajo la supervisión de obreros o miembros del partido. El sistema resolvió la necesidad de cualificación administrativa, y fue normalizado y extendido bajo la NEP, cuando los *glavki* y los centros del comunismo de guerra se vieron sustituidos por trusts y sindicatos autónomos. El grupo de «administradores rojos», pese a su origen y afiliaciones predominantemente burgueses, adquirió un lugar reconocido y respetado en la jerarquía soviética; algunos de ellos fueron admitidos como miembros del partido: una recompensa por servicios distinguidos. Recibían tasas de remuneración especiales, fuera de las escalas salariales normales y muy por encima de ellas; y poseían una voz crecientemente poderosa en la administración y en la política industriales. Las frecuentes acusaciones, no carentes de justificación, sobre su actitud brutal y dictatorial hacia los trabajadores, reminiscente de los métodos del antiguo régimen, eran sintomáticas de los celos y resentimientos provocados por esta aparente inversión de todo aquello por lo que la revolución había tomado partido en las fábricas.

Fue la aparición del desempleo, sin embargo, lo que hizo a los trabajadores más conscientes del descenso de su posición en la economía de la NEP. El continuo estancamiento de la industria pesada, la crisis de precios de las industrias de consumo, la llamada a la racionalización de la producción, la insistencia en el *jozraschot* y en la obtención de ganancias, todo presionaba fuertemente hacia el despido de los trabajadores sobrantes. El desempleo recuperó su papel normal en una economía de mercado como instrumento de disciplina laboral y de presión sobre los salarios. Las estadísticas son pocas y poco dignas de confianza. Se supone que en 1923 el número de desempleados alcanzó el millón; pero los datos oficiales se refieren a los miembros de los sindicatos y a las personas registradas en las oficinas de trabajo, que tenían derecho a exiguas ayudas monetarias, y no tienen en cuenta a la masa de trabajadores no cualificados, principalmente campesinos, que buscaban trabajo esporádico en las ciudades, especialmente en la industria de la construcción. Si la NEP había rescatado al campesino del desastre, había reducido a la industria y al mercado de trabajo a condiciones que bordeaban el caos. Un grupo clandestino de oposición en el partido, que se autodenominaba «Grupo Obrero» y declaraba que las iniciales de la NEP significaban «nueva explotación del proletariado», fue denunciado en el congreso del partido en abril. Cuando la NEP había sido francamente descrita como una política de concesiones al campesinado, la cuestión que nadie había planteado era a costa de quién se harían estas concesiones. El proletariado, el heroico abanderado de la revolución, se había visto dispersado, desintegrado y drásticamente reducido en su número bajo el impacto de la guerra civil y del caos industrial. El obrero industrial se había convertido en el hijastro de la NEP.

La otra crisis o faceta de la crisis era la financiera. En buena medida las consecuencias financieras de la NEP no habían sido previstas. Una vez que la NEP había establecido el principio de un mercado libre en el que los bienes se vendían y compraban, estas transacciones no podían llevarse a cabo a partir de un rublo en constante declive, y ya casi sin valor. En el otoño de 1921 se introdujeron varias reformas financieras. Se decidió preparar el presupuesto del Estado en rublos de antes de la guerra, ajustando cada mes a este patrón el rublo corriente. Esto suponía de hecho un rublo que actuaba como índice de los precios, al que se hacía referencia a veces como rublo «mercantil», y que se usaba en el cálculo de las tasas salariales. Se creó un Banco del Estado para administrar la moneda, restablecer el crédito y echar los cimientos de un sistema bancario. A finales de 1921, una conferencia del partido se declaró a favor del establecimiento de una moneda basada en el oro; y pocos meses más tarde el fluctuante «rublo mercantil» se vio reemplazado como patrón de valor por un hipotético «rublo oro». En el otoño de 1922 el Banco del Estado comenzó a emitir billetes de nueva denominación, los chervonets, equivalentes a diez rublos oro. Pero en un primer momento la emisión fue pequeña. Durante otro año los chervonets sirvieron como unidad de cuenta, y los pagos se hicieron en los viejos rublos de papel a una tasa en constante declive.

Esta situación se tradujo en una crisis económica sustancial en el verano y el otoño de 1923. El colapso de los precios industriales durante el año anterior había impulsado a los dirigentes industriales a asociarse en defensa propia. Los trusts industriales formaron agrupaciones de vendedores para mantener de forma ordenada las condiciones de comercialización y sostener los precios. Estas organizaciones obtuvieron un éxito notable en la consecución de su propósito. En septiembre de 1922 la relación entre los precios industriales y agrícolas había vuelto a su equilibrio de antes de la guerra; y a partir de ese momento los precios industriales crecieron espectacularmente a expensas de los precios agrícolas. En su informe al XII Congreso del partido, en abril de 1923, Trotski presentó un diagrama que mostraba cómo las «tijeras», cuyas hojas representaban los precios industriales y agrícolas, se habían abierto más y más en los seis meses anteriores. Todos lamentaban estas violentas fluctuaciones de los precios; pero la manera de evitarlas en el marco de la NEP resultaba menos clara. El partido estaba todavía profundamente comprometido en la política de indulgencia hacia el campesinado que era la esencia de la NEP. Sin embargo, la tendencia del momento era totalmente adversa al productor agrícola. Cuando en octubre de 1923 las tijeras se abrieron en su mayor extensión, el cociente de los precios industriales a los precios agrícolas era tres veces mayor que en 1913. Mientras tanto, la economía se veía amenazada por problemas monetarios adicionales. Para financiar la abundante cosecha había sido necesario volver a la impresión ilimitada de billetes en rublos, depreciando así aún más la vieja moneda de papel. Se hicieron intentos de sustituir el «rublo mercantil» por el «rublo oro» en el cálculo de los pagos salariales; y se supone que esto redujo los pagos de hecho hasta en un 40 por 100. Este y otros motivos de queja de los trabajadores produjeron una oleada de malestar y de huelgas en el otoño de 1923.

Los dirigentes del partido se alarmaron ante la tormenta que amenazaba; y el comité central nombró a un llamado «comité de las tijeras», formado por 17 miembros, para informar sobre la crisis, haciendo especial referencia a los precios. Hasta entonces Trotski había tenido cuidado de no disentir abiertamente de sus colegas, y quizá ésta fue la razón por la que rehusó participar en el comité de las tijeras. Pero mientras el comité deliberaba perdió la paciencia, y el 8 de octubre dirigió al comité central del partido una carta en la que se denunciaban «errores radicales y flagrantes de política económica»; las decisiones se estaban tomando sin tener en cuenta ningún «plan económico». Trotski condenó los «*intentos de imponer los precios al estilo del comunismo de guerra*». La forma correcta de aproximarse al campesinado era a través del proletariado; la racionalización de la industria estatal era la clave para cerrar las tijeras. La carta fue seguida una semana más tarde por la aparición de una «plataforma de los 46» firmada por 46 miembros del partido, seguidores de Trotski unos, y de otros grupos de oposición los demás. En ella se hablaba de una «grave crisis económica», provocada por «el carácter casual, irreflexivo y asistemático de las decisiones del comité central». Tanto la carta de Trotski como la «plataforma» partían de estas críticas de la mala gestión económica para llegar a atacar el régimen opresivo que asfixiaba las opiniones en el partido.

En la «plataforma» se pedía una conferencia ampliada del partido que discutiera estas cuestiones. El comité central respondió abriendo las columnas de *Pravda* a una controvertida discusión —la última de su especie en la historia soviética— que duró más de un mes sin intervención de ningún dirigente, y que se hizo progresivamente más confusa y acalorada en su desarrollo. El comité de las tijeras proseguía mientras tanto su difícil tarea. La experiencia del año anterior había convencido a casi todos de que los precios no podían ser confiados al libre juego del mercado. El comité aceptó rápidamente el control de los precios al por mayor. Los precios al por menor presentaban mayor dificultad, pero se señaló que controlar los precios al por mayor y no los precios al por menor sólo serviría para inflar las ganancias de los intermediarios, a los que se identificaba con los ahora crecientemente impopulares hombres de la NEP. El comité se conformó con un control selectivo de los precios al por menor. Pero la complejidad del problema y la timidez del comité eran tales que éste no emitió su informe hasta diciembre.

Para este momento, la situación económica había sufrido un cambio favorable. Los precios industriales, habiendo alcanzado su máximo en octubre, volvieron a caer verticalmente. Las tijeras comenzaron a cerrarse. La cosecha, un indicador siempre fundamental en la primitiva economía rusa, fue excelente por segundo año consecutivo. La industria, en vez de verse perjudicada por el descenso de los precios, aumentó su eficiencia y amplió su mercado. Las fábricas y plantas ociosas fueron puestas de nuevo en marcha. Incluso la presión sobre los salarios disminuyó en alguna medida. La tensión económica de los seis meses anteriores se vio eclipsada por una nueva tensión política: y éste fue el momento en que la campaña contra Trotski comenzó en serio. En estas circunstancias, el Politburó adoptó una resolución sobre el informe del comité de las tijeras que era un hábil compromiso. Se hacía hincapié en el predominio de la agricultura campesina; no se debía decir nada que justificara la insistencia de Trotski en la prioridad de la industria. A ésta se la exhortaba a mantener bajos sus precios, a racionalizarse y a incrementar su productividad. El control de los precios al por mayor de los artículos de consumo masivo se extendía a los precios al por menor: se fijarían inmediatamente precios legales máximos para la sal, el petróleo y el azúcar. Se prometían concesiones en los salarios, que subirían «en proporción al crecimiento de la industria y de la productividad del trabajo». Finalmente había muestras de apoyo al financiamiento de la industria pesada y al fortalecimiento del Gosplan. Estas propuestas recibieron la aprobación de una conferencia del partido celebrada en enero de 1924, pocos días antes de la muerte de Lenin.

La resolución sobre el informe del comité de las tijeras, con todas sus cautelas, dio un cierto impulso a la industria; en 1924 la industria salió de las simas de estancamiento y depresión en las que se debatía cuando se introdujo la NEP en 1921. Pero su renacimiento era unilateral: prosperó la industria ligera de consumo que servía directamente al mercado campesino; pero en las condiciones de la NEP nada estimulaba a las industrias pesadas dedicadas a la producción de medios de producción, y éstas se rezagaron. Según las cifras del Gosplan, la producción industrial para el año que terminaba el 1 de octubre de 1924, aunque dos veces y media mayor que la de 1920, sólo cubría un 40 por 100 del nivel anterior a la guerra, y las industrias metalúrgicas sólo alcanzaban el 28,7 por 100. Esta deficiencia comenzó a crear ansiedad en el partido, y especialmente en los círculos de oposición. La resolución del comité de las tijeras en diciembre de 1923 expresó el punto de vista de que la industria metalúrgica debía «pasar a primera línea y recibir del Estado todo tipo de apoyos»; y esto se vio confirmado por la conferencia del partido de enero de 1924. Pero no se hizo nada para llevar a la práctica esta piadosa aspiración. El nombramiento de Dzerzhinski como presidente del Vesenja, en febrero de 1924, atrajo de nuevo la atención sobre el problema. Tres meses más tarde, Dzerzhinski informó al XIII Congreso del partido de que para poner en marcha la industria pesada se requería, durante los cinco años siguientes, una inversión de 100 a 200 millones de rublos oro; y Zinoviev exclamó retóricamente que había llegado «el turno del metal, el turno de una mejora en la producción de medios de producción, el turno de un renacimiento de la industria pesada». Estas hermosas palabras no tuvieron ninguna contrapartida inmediata en la acción, pero marcaron un cambio en el clima de opinión que ofrecía una promesa para el futuro.

La primavera y el verano de 1924 fueron tiempos de recuperación y de creciente confianza. Bajo la NEP, la agricultura se había recuperado de los desastres del pasado reciente; incluso se mostraba cierta indulgencia hacia el kulak. Aunque su avance fuera desigual, la industria revivía de forma estable. En marzo de 1924 se completó la reforma monetaria, con la adopción universal como moneda del chervonet basado en el oro, y con la retirada de los viejos billetes soviéticos en rublos. En mayo se creó un Comisariado del Pueblo para el Comercio Interior, encabezado por Kamenev, con el propósito fundamental de realizar los controles de precios. El cociente de los precios industriales a los precios agrícolas había vuelto aproximadamente a su nivel de 1913. El control de los precios industriales, al por mayor y al por menor, parece haber sido parcialmente efectivo, pero los precios agrícolas se mostraron recalcitrantes. El comercio exterior, administrado bajo el correspondiente monopolio por un comisariado aparte dirigido por Krasin, alcanzó por primera vez dimensiones considerables en el año 1923-1924. El 75 por 100 de las exportaciones eran productos agrícolas, incluyendo grano; los otros principales artículos eran productos de la madera y aceite. De las importaciones, casi un 75 por 100 correspondían a la industria, bajo la forma de algodón y otras materias primas o productos semimanufacturados. Estos impresionantes resultados habían sido conseguidos bajo el régimen de la NEP, y no habrían podido ser logrados sin él; fueron aclamados como una triunfal vindicación de la NEP. Sin embargo, la crisis de las tijeras había sido superada mediante medidas —en especial el control de precios— que contravenían los principios de mercado de la NEP. Estas medidas habían sido también una condición esencial de la recuperación. Y en el partido no todo el mundo se sentía feliz con el conspicuo papel de los kulaks en los pueblos y de los hombres de la NEP en las ciudades. Pero la recuperación de todos los sectores de la economía favorecía el que estos difíciles problemas se pospusieran para un período posterior. La lucha entre los elementos de una economía de mercado y los de una economía administrada proseguiría a lo largo de los años veinte.

7. Los últimos días de Lenin

El proceso de recuperación económica inaugurado por la NEP se vio ensombrecido en 1922 por el comienzo de la prolongada y fatal enfermedad de Lenin. En mayo de 1922 sufrió un ataque que le incapacitó durante varias semanas. En el otoño volvió a trabajar y pronunció varios discursos. Pero su resistencia física estaba evidentemente disminuida. El 12 de diciembre se retiró a su apartamento del Kremlin, por consejo médico, y allí sufrió cuatro días más tarde un segundo y más grave ataque que paralizó definitivamente su lado derecho. Durante los tres meses siguientes la incapacidad física no afectó a sus facultades mentales; y aunque aparentemente no se permitió que le viera ninguno de los demás dirigentes, siguió dictando notas y artículos sobre cuestiones del partido. Entre éstos se incluye el famoso «testamento» del 25 de diciembre, con su postdata del 4 de enero de 1923. Pero el 9 de marzo de 1923 un tercer ataque le privó del habla, y aunque vivió diez meses más, nunca volvió a trabajar.

Después del tercer ataque se desvanecieron gradualmente las esperanzas de un posible restablecimiento de

Lenin. La cuestión de la sucesión pasó a primer plano, relegando a cualquier otra. El endurecimiento de la disciplina del partido en su X Congreso de marzo de 1921 había venido seguido de una purga en el partido, y fue llevado aún más allá por el XI Congreso, un año después, que condenó a 22 disidentes, la mayor parte de ellos miembros de la antigua Oposición Obrera, y expulsó del partido a dos de sus cinco dirigentes; Lenin había pedido la expulsión de los cinco. Esta nueva crisis provocó un nuevo fortalecimiento de la maquinaria del partido. Los tres secretarios del comité central del partido nombrados en pie de igualdad en 1919 (véase la p. 62 *supra*) se habían revelado inefectivos y fueron relevados del cargo. El 4 de abril de 1922, pocos días después del XI Congreso, se anunció que Stalin había sido nombrado secretario general, con Molotov y Kuibishev como secretarios. Nadie encontró el anuncio particularmente significativo. Stalin era conocido como un funcionario del partido trabajador, eficiente y leal.

Cuando Lenin volvió a trabajar tras su primer ataque, se sintió evidentemente alarmado por la forma en que Stalin había levantado pacientemente no sólo el poder y la autoridad de su cargo, sino también su propia posición personal; se había convertido por vez primera en una figura dirigente dentro del partido. A Lenin no le gustó ninguna de estas cosas. En este momento se encontraba muy preocupado por el crecimiento de la burocracia en el Estado y en el partido; y adquirió una profunda desconfianza hacia la personalidad de Stalin. El testamento fue dictado, pocos días después del segundo ataque que puso en duda sus posibilidades de recuperación, en una disposición de angustioso presentimiento. Lenin comenzaba con el peligro de una escisión entre las dos clases —proletariado y campesinado— sobre cuya alianza se apoyaba el partido, y la descartaba como remota. La escisión que él veía como una amenaza para el «futuro inmediato» era la división de los miembros del comité central; y la relación entre Stalin y Trotski constituía «la parte principal de ese peligro de escisión». Stalin había concentrado «un enorme poder en sus manos», y no «siempre sabía utilizarlo con la suficiente prudencia». Trotski, pese a ser «el hombre más capaz del actual comité central», mostraba «excesiva autoconfianza y una disposición a dejarse llevar en exceso por el aspecto puramente administrativo de las cuestiones». Otros miembros dirigentes del comité no escapaban a la crítica. Se recordaba la vacilación de Zinoviev y Kamenev en el momento crítico de octubre de 1917; ésta «no fue, por cierto, un hecho accidental», pero no podía «serles imputada como un delito personal, como tampoco a Trotski su no bolchevismo». Bujarin, pese a ser «el teórico más valioso y destacado del partido» y «el preferido de todo el partido», no había comprendido nunca la dialéctica, y sus puntos de vista sólo podían «ser considerados plenamente marxistas con la mayor reserva». Este era un veredicto inesperado sobre un hombre cuyo *ABC del comunismo,* escrito en colaboración con Preobrazhenski, y cuya *Teoría del materialismo histórico* seguían teniendo una amplia difusión como manuales del partido. Pero, por más perspicaz que fuese el diagnóstico de Lenin sobre las limitaciones de sus colegas, la única cura prescrita en su testamento era la ampliación del número de miembros del comité central de 50 a 100; y era improbable que esto afectase a la raíz del problema.

En el otoño de 1922 había atraído la atención de Lenin lo que sucedía en Georgia, donde los trámites para la incorporación de la república georgiana a la URSS encontraban dura resistencia en el comité del partido georgiano. En septiembre visitó Georgia una comisión encabezada por Dzerzhinski, y regresó a Moscú con los dirigentes disidentes. En este punto intervino Lenin, desplazando a Stalin, que estaba a cargo de la cuestión, y creyó haber asegurado un compromiso. Pero no siguió hasta el fin el problema, y las relaciones con los georgianos volvieron a hacerse difíciles. Entonces marchó a Tiflis Ordzhonikidze, y tras una dura lucha destituyó a los dirigentes rebeldes y obligó al comité a aceptar las propuestas de Stalin. Pocos días después de dictar su testamento, Lenin, bajo un impulso incierto, volvió sobre la cuestión georgiana. Dictó un memorándum en el que se confesaba «gravemente culpable ante los trabajadores de Rusia» por no haber intervenido de forma eficaz con anterioridad. Denunciaba los recientes procedimientos como un ejemplo de «chovinismo granruso», mencionaba la «precipitación y la irreflexión administrativa» de Stalin, y censuraba severamente por sus nombres a él, a Dzerzhinski y a Ordzhonikidze. Después, el 4 de enero de 1923, la desconfianza de Lenin hacia Stalin brotó de nuevo, y añadió una postdata al testamento. Stalin, decía en ella, era «demasiado grosero», y debía ser reemplazado como secretario general por alguien «más tolerante, más leal, más cortés y más atento con los camaradas, de un humor menos caprichoso, etc.»; y como motivo de esta recomendación citaba de nuevo el peligro de una escisión y «la relación entre Stalin y Trotski». Finalmente, a comienzos de marzo, tras una ocasión en que se dijo que Stalin había insultado a Krupskaia (que presumiblemente le había impedido ver a Lenin), Lenin escribió a Stalin una carta rompiendo sus «relaciones entre camaradas». Tres días después se produciría el tercer ataque, que pondría fin a la vida activa de Lenin.

El planteamiento del XII Congreso del partido, que se reunió el 17 de abril de 1923, fue una fuente de dificultades. ¿Quién se revestiría con el manto de liderazgo que Lenin había llevado sin discusión en los congresos anteriores? Aún no se desesperaba de una eventual recuperación de Lenin. Pero incluso una elección temporal podía prejuzgar la futura sucesión. Trotski, un hombre de reciente llegada al partido, con un historial pasado de disidencia, debía su posición dirigente desde 1917 al apoyo sin falta de Lenin. Privado de este apoyo era una figura aislada, y no podía aspirar a dirigir el partido. Era visto con una aversión llena de celos por sus colegas inmediatos, a los que trataba con una cierta arrogancia; y su pasada opinión favorable a la militarización de los trabajadores le hacía sospechoso ante los círculos sindicales. Los otros tres dirigentes más destacados —Zinoviev, Kamenev y

Stalin— se unieron con la determinación de impedir cualquier engrandecimiento del papel de Trotski. En este triunvirato provisional Stalin era el socio menor; y era agudamente consciente de la necesidad de borrar la hostilidad personal de Lenin, que en ese momento era conocida probablemente por los otros dirigentes, si no por la base del partido. Kamenev tenía más inteligencia que fuerza de carácter. Zinoviev, débil, vano y ambicioso, estaba demasiado ansioso por ocupar el trono vacante. Presidió el congreso y habló en él en términos completamente serviles hacia la autoridad del líder ausente, logrando sugerir al mismo tiempo que él era el portavoz autorizado de la sabiduría de Lenin. Stalin, por contraste, asumió un papel de calculada modestia. Sin pretender nada para sí mismo, se refirió repetidamente a Lenin como su «maestro», todas cuyas palabras había estudiado y trataba de interpretar con acierto. Hablando sobre organización, repitió las críticas de Lenin contra la burocracia, dando hipócritamente de lado el hecho de que estos dardos habían sido dirigidos en buena medida contra él. En su informe sobre la cuestión nacional apoyó enfáticamente los ataques de Lenin contra el «chovinismo granruso», y se disculpó con suavidad de la acusación de «precipitación». Trotski, claramente ansioso de evitar todo enfrentamiento directo, se ausentó del debate sobre la cuestión nacional. Su papel en el congreso se limitó a la presentación de un voluminoso informe sobre la situación económica, argumentando a favor de la industria y del «plan económico único», pero sin atacar directamente la política del momento. El latente desacuerdo con Zinoviev fue cuidadosamente velado.

A lo largo del verano de 1923, las animosidades personales siguieron hirviendo bajo la superficie, mientras la crisis económica aumentaba y las esperanzas en una recuperación de Lenin se desvanecían gradualmente. Aunque Trotski no era un candidato para el liderazgo formal, su poderosa personalidad, su historial en la guerra civil, su convincente manera de razonar y sus brillantes dotes oratorias le habían ganado una amplia popularidad en la base del partido, y le convertían en un formidable adversario en cualquier debate político. En el congreso del partido, en abril, el triunvirato de Zinoviev, Kamenev y Stalin se había confabulado con éxito para bloquear su avance. Ahora decidieron que había llegado el momento de aplastarle. La campaña se puso en marcha con la mayor precaución, en parte quizá porque Zinoviev y Stalin ya no confiaban el uno en el otro.

El pretexto vino de la carta de Trotski del 8 de octubre de 1923 (véase la p. 80 *supra*), en la que, tras una cáustica crítica de las medidas económicas del momento, atacaba «el régimen incorrecto y malsano dentro del partido». En los nombramientos para puestos clave en la organización del partido la designación había sustituido a la elección; y los nombramientos iban a quienes estaban comprometidos con el mantenimiento del régimen existente. Un «aparato secretarial creado desde arriba» había reunido todos los hilos en sus manos, haciendo «ilusoria» la participación de la base. La carta terminaba pidiendo que el «burocratismo secretarial» fuera sustituido por la «democracia de partido». Viniendo de un miembro del Politburó, ésta era una tremenda acusación, y su blanco era indudablemente Stalin. Pocos días más tarde, la «plataforma de los 46» deploraría la brecha abierta entre la «jerarquía secretarial» y los miembros ordinarios del partido. Los orígenes de la «dictadura dentro del partido», que silenciaba toda crítica, se remitían a las decisiones de urgencia tomadas por el X Congreso del partido en marzo de 1921; este régimen se había «sobrevivido a sí mismo». El triunvirato no podía ignorar este abierto desafío a su autoridad.

Fue en este momento cuando, por extraña fatalidad, Trotski sucumbió al primer ataque de una fiebre intermitente y no diagnosticada, que continuaría afligiéndole a intervalos durante los dos o tres años siguientes. El 25 de octubre el comité central del partido, en ausencia de Trotski por enfermedad, aprobó una resolución condenando su carta del 8 de octubre como «un profundo error político» que «había servido de señal para un agrupamiento fraccional» (la plataforma de los 46). A lo largo de noviembre, una animada discusión en las columnas de *Pravda* sobre cuestiones económicas y políticas no provocó ninguna intervención de Trotski ni del triunvirato. La persistente indisposición de Trotski le condenaba a un papel pasivo. Pero a comienzos de diciembre mantuvo conversaciones con los tres dirigentes, y éstas se tradujeron en una resolución pactada del Politburó el 5 de diciembre de 1923. La táctica del triunvirato fue hacer el máximo de concesiones a Trotski en las cuestiones de principio para aislarle de la oposición. La resolución hablaba de «la importancia única de Gosplan», del peligro de «burocratización» y «la degeneración bajo la NEP de una parte de los trabajadores del partido», y de la necesidad de más «democracia obrera». La existente preponderancia en el partido de elementos «no proletarios» debía ser remediada mediante «una entrada de nuevos cuadros del proletariado industrial»; esto se consideraba una garantía de la «democracia de partido». Pero la anterior resolución del 25 de octubre, en la que el comité central del partido había condenado la carta de Trotski del 8 de octubre y la plataforma de los 46, era específicamente reafirmada, de modo que Trotski aparecía renunciando a su posición anterior y aceptando la condena de quienes habían salido en su apoyo. Sin embargo, Trotski consideró esto como una victoria para sus principios.

Un compromiso tan artificial no podía durar. Tres días más tarde, Trotski, que aún no podía aparecer en público, expuso su interpretación de la resolución en una carta abierta que fue leída en reuniones de partido y publicada en *Pravda*. En ella criticaba a «los camaradas de mentalidad conservadora que tienden a sobrevalorar el papel del aparato y a infravalorar la independencia del partido». Citaba a la socialdemocracia alemana anterior a 1914 como ejemplo de una «vieja guardia» que había caído en el «oportunismo», y apelaba a la nueva generación que «reacciona de forma más tajante contra la burocracia de partido». En una postdata se refería a «los peligros de la NEP», estrechamente relacionados con «el *retraso* de la revolución internacional». El triunvirato permaneció aún indeciso. En una reunión de la organización del partido en Moscú, el 11 de diciembre, hablaron varios partidarios de Trotski: entre ellos, Preobrazhenski y Radek, y Zinoviev y Kamenev; si bien condenaron a la oposición, trataron a Trotski con cautelosa cortesía.

Pocos días más tarde todas las inhibiciones desaparecieron, y el triunvirato decidió considerar la carta abierta de Trotski como una declaración de guerra. El 15 de diciembre, en un artículo publicado en *Pravda,* Stalin lanzó un ataque a toda escala contra la oposición, que terminaba con graves ataques personales contra Trotski. Este texto pareció ser la señal para una campaña de denigración a través de artículos y discursos de Zinoviev (que al parecer fue quien acuñó el término «trotsquismo»), Kamenev, Bujarin y figuras menores del partido. Ningún artículo favorable a la oposición volvió a publicarse en *Pravda.* Los estudiantes se manifestaron a favor de la oposición; y se llevó a cabo una purga del comité central del Komsomol para someter a esta organización. Pero en las reuniones del partido en Moscú o Petrogrado sólo una pequeña minoría de trabajadores habló o votó en contra de la línea oficial. La antigua posición de Trotski a favor de la militarización de los trabajadores había hecho difícil para él presentarse como campeón de la causa de los obreros. El creciente poder de la organización del partido, la falta de un programa alternativo positivo o conocido a nivel popular, el temor a las represalias en un período de creciente desempleo, la debilidad en número y en tradiciones radicales de la clase obrera rusa: todo contribuyó a la completa derrota de la oposición. Una protesta de Trotski, Radek y Piatakov contra la actitud discriminatoria de *Pravda* provocó una réplica de la comisión de control del partido en el sentido de que «el órgano del comité central está obligado a llevar la línea perfectamente definida del comité central». La decisión era definitiva y absoluta. Desde entonces *Pravda* hablaría exclusivamente con la voz oficial de los órganos centrales del partido.

El proceso de denigración personal de Trotski ganó rápidamente fuerza. En una sesión del IKKI a comienzos de enero de 1924, Zinoviev lanzó un nuevo y nada contenido ataque contra su carácter, su historial en el partido y sus opiniones. Trotski, acosado por la enfermedad, abandonó esta lucha desigual y partió para el Cáucaso, por consejo médico, a mediados de enero de 1924. Pocos días más tarde, una conferencia del partido condenó a la oposición por abrumadora mayoría (los delegados habían sido cribados sin duda cuidadosamente), señalando a Trotski personalmente como responsable de la campaña contra los dirigentes del partido. Estos acontecimientos precedieron inmediatamente a la muerte de Lenin, que tuvo lugar el 21 de enero de 1924.

8. El ascenso de Stalin

La muerte de Lenin trajo a la luz la cuestión que desde hacía largo tiempo preocupaba a los dirigentes del partido. Zinoviev había asumido ya sin dudas el manto provisional de la sucesión. Stalin se había abstenido, estudiadamente, de mostrar sus ambiciones. En una sesión conmemorativa del Congreso de los Soviets de la Unión, el 26 de enero de 1924, el homenaje de Stalin se distinguió del de sus colegas por un ferviente esfuerzo de extrema devoción, que entonces todavía era extraño el vocabulario marxista o bolchevique: «Nosotros los comunistas» somos discípulos humildes y leales, consagrados a desarrollar cada mandato del maestro muerto. Se tomaron dos decisiones notables. Una fue rebautizar a Petrogrado «Leningrado»; Lenin había sustituido y eclipsado a Pedro en la configuración de los destinos de la patria. La otra fue fortalecer al partido mediante un reclutamiento masivo de «trabajadores de base», el llamado «alistamiento Lenin». La demanda de una mayor representación obrera en el partido había figurado en la carta de Trotski del 8 de octubre y en la resolución del Politburó del 5 de diciembre de 1923 (véase la p. 91 *supra*), y podía justificarse en base a mucho de lo que el mismo Lenin había escrito. Su puesta en práctica quedaba ahora en manos de Stalin, secretario general del partido.

El partido bolchevique no tenía en 1917 más de 25.000 miembros. Durante la revolución y la guerra civil su número creció progresivamente con admisiones masivas. Las estadísticas para este primer período no son seguras. Pero a comienzos de 1921 el partido había alcanzado un total de 600.000, o quizá 700.000 miembros. La purga ordenada por el X Congreso del partido, en marzo de 1921, fue drástica. Algunos miembros, afiliados en el entusiasmo de la revolución y la guerra civil, se marcharon; otros fueron expulsados como no aptos. A comienzos de 1924 el número de miembros se había reducido a 350.000. El alistamiento Lenin, que en dos años incorporó al partido a 240.000 nuevos miembros, aumentando su número en más de dos tercios, fue saludado como un avance hacia una mayor democracia y como una afirmación del legítimo predominio en el partido de los auténticos obreros, aunque en sus últimas etapas incluyera también un importante alistamiento de campesinos. Su papel histórico fue bastante diferente. Fue el símbolo de un cambio gradual en el carácter del partido, que tenía causas más profundas. De forma casi imperceptible surgió una nueva concepción que diferenciaba al partido de Stalin del partido de Lenin.

Antes de la revolución, Lenin había concebido el partido como un pequeño grupo homogéneo de revolucionarios profesionales, consagrados al derrocamiento de un régimen de desigualdad y opresión. Incluso después de la revolución siguió pensando en el partido como un grupo de élite de obreros dedicados; y le preocupaba más purgar a los no aptos que abrir de par en par las puertas al reclutamiento. La drástica reducción del número de miembros del partido entre 1921 y 1924 se debió ciertamente a su insistencia. Aunque había cambiado mucho desde sus visiones utópicas expresadas en *El Estado y la revolución,* Lenin todavía ponía sus ojos, con palabras del programa del partido de 1919, en «una simplificación de las funciones administrativas, acompañada por una elevación del nivel cultural de los trabajadores», y hasta el mismo fin de su vida pareció no darse cuenta de las vastas complejidades y problemas de la administración pública. En esta época, la concepción de un partido de élite era un anacronismo. En 1920 se suponía que el 53 por 100 de los miembros del partido trabajaban en instituciones soviéticas de un tipo u otro, y el 27 por 100 estaban en el Ejército Rojo. Gradual e insensiblemente, el partido se había convertido en una maquinaria engranada para conducir y supervisar el funcionamiento de un gran Estado. El deber evidente de los miembros de base —y en especial de los nuevos miembros que carecían de la formación revolucionaria de la generación anterior a 1917— era apoyar lealmente a los dirigentes en esta formidable tarea; y el formar parte del partido conllevaba ciertos privilegios no declarados que daban valor al cumplimiento de este deber. El alistamiento Lenin fue acompañado de una nueva purga de miembros indeseables; y desde el momento en que tanto la purga como el alistamiento estuvieron controlados por el secretariado del partido, se puede adivinar que la adhesión a la nueva ortodoxia del partido fue uno de los principales criterios aplicados. El alistamiento Lenin, y todo el proceso del que éste formaba parte, ampliaron el poder de la maquinaria del partido y del secretario general que la manipulaba. Molotov se limitó a decir la verdad cuando observó en el congreso del partido de 1924 que «el desarrollo del partido en el futuro se basará sin duda en este alistamiento Lenin».

Otro cambio más sutil siguió a la sustitución del partido de élite de Lenin por el partido de masas de Stalin. Una vez que se había tomado una decisión política, los estatutos del partido imponían a los miembros la obligación de hablar en su apoyo con una sola voz. La lealtad hacia el partido significaba aceptación de su disciplina. Pero se suponía que las decisiones serían tomadas por procedimientos democráticos y después de una discusión libre entre los miembros del partido. Y nadie sugería que el partido fuera infalible; Lenin había llamado la atención con frecuencia sobre las equivocaciones cometidas, y había admitido sus propios errores. Con motivo de la celebración de su quincuagésimo aniversario en abril de 1920, en el momento de la victoria en la guerra civil, de forma bastante extraña Lenin habló, en su respuesta a la felicitación de sus camaradas, del peligro de que el partido «se envaneciera». Las iracundas controversias que dividieron al partido en vísperas de la NEP mostraron con sobresalto a Lenin y a otros dirigentes del partido los riesgos implícitos en la ilimitada tolerancia de disensiones; y el motín de Kronstadt incrementó el sentimiento de alarma. Las medidas disciplinarias adoptadas por el X Congreso marcaron un hito ominoso en la historia del partido. Pero Lenin nunca llegó a reconciliarse con la concepción de una organización central del partido que emitiera edictos infalibles e impusiera silencio a toda disensión dentro del partido y fuera de él. Cuando observó en el último congreso del partido al que asistió, en marzo de 1922, que el partido tenía bastante poder político y económico, y que «lo que falta es cultura», estaba mostrando ya una conciencia turbada de los peligros que amenazaban. En sus últimos y atormentados meses de vida activa, Lenin estuvo preocupado tanto por su desconfianza hacia la personalidad de Stalin como por la necesidad de luchar contra la burocracia en el partido y en el Estado. La creencia en la infalibilidad del partido, en la infalibilidad de Lenin, y eventualmente en la infalibilidad del propio Stalin fue un desarrollo posterior, cuyas semillas se sembraron en las primeras semanas tras la muerte de Lenin.

Mientras el alistamiento Lenin progresaba, Stalin dio un nuevo paso para distinguirse como el más fiel discípulo de Lenin. Dio en la Universidad Sverdlov seis conferencias sobre «Los fundamentos del leninismo», que fueron publicadas por *Pravda*. Eran claras, esquemáticas y totalmente convencionales. Sólo un párrafo podría haber llamado la atención, a la luz de acontecimientos posteriores: «Para la victoria final del socialismo, para la organización de la producción socialista, los esfuerzos de un solo país, particularmente de un país campesino como Rusia, son insuficientes; para eso se requieren los esfuerzos de los proletarios de varios países avanzados.»

Pero esto era sólo la repetición de un punto familiar en el credo del partido. Las conferencias no produjeron comentarios. Los otros dirigentes no mostraron interés en la incursión de Stalin en el campo de la teoría, en el que hasta entonces raramente había intentado brillar. Lo significativo de la iniciativa de Stalin era la consagración de un específico culto al «leninismo». Este término sólo había sido usado en vida de Lenin por oponentes ansiosos de desacreditarlo, como más tarde el término «trotsquismo». A partir de este momento, el leninismo sería, en labios de Stalin y otros dirigentes del partido, un cuerpo de doctrina vagamente definido, pero infalible, que distinguiría la línea oficial del partido de las herejías de sus críticos.

El testamento de Lenin era un estorbo que todavía era preciso superar. Por fortuna para Stalin, su propio embarazo era compartido por los demás dirigentes, ninguno de los cuales escapaba ileso. No se sabe en qué momento preciso tuvieron conocimiento de su contenido. Pero el 22 de mayo de 1924, en vísperas del XIII Congreso del partido, una reunión de miembros distinguidos del partido asistió a su lectura por Kamenev, que la presidía. Después habló Zinoviev, en términos de exagerada devoción al dirigente muerto, terminando con el veredicto de que «en un solo punto» se habían mostrado infundados los temores de Lenin, y que no era necesario desplazar a Stalin de su cargo. Kamenev apoyó a Zinoviev. Nadie expresó un punto de vista distinto. Trotski, que acababa de volver del Cáucaso, permaneció sentado en silencio durante toda la reunión. La única división la provocó la insistente petición de Krupskaia de que el testamento fuera leído al congreso. La reunión decidió, por una mayoría de 30 a 10, que sería suficiente comunicar su contenido confidencialmente a los delegados más destacados.

El problema de la oposición ocupó un lugar importante en el congreso. Zinoviev se contuvo en su principal informe, que cerró con una retórica apelación a los miembros de la oposición para que acudieran a la tribuna a confesar sus errores y a admitir que el partido tenía razón. Muchos delegados denunciaron a la oposición, y a Trotski nominalmente. Penosa y desganadamente, Trotski se levantó para dar respuesta al desafío de Zinoviev. «No se puede tener razón contra el partido», proclamó. El partido podía cometer «errores concretos»; y él seguía creyendo que la resolución de la conferencia de enero, condenándole, era «incorrecta e injusta». Sin embargo, como miembro leal del partido, él estaba obligado a decir: «Justo o injusto, éste es mi partido, y llevaré las consecuencias de su decisión hasta el fin.» Ya se vea esto como origen de la inhibición que impediría a Trotski dar batalla, o como racionalización de una inhibición con raíces psicológicas más profundas, esta declaración de sumisión, junto con la negativa a confesarse equivocado, es significativa de la actitud de Trotski en este momento. Tan sólo dos años después, cuando ya fuera demasiado tarde, recuperaría Trotski su libertad de acción, atacando audazmente a sus enemigos y uniéndose a sus amigos para defenderse. El congreso escuchó una petición de Krupskaia para que se hiciera la paz entre las facciones y se pusiera «fin a toda discusión ulterior». Nadie hizo caso de ella. Stalin y Zinoviev cerraron las sesiones con discursos llenos de insultos contra Trotski. Sin embargo, se le reeligió para el comité central del partido, aparentemente por un estrecho margen. Se dice que Zinoviev y Kamenev trataron de excluir a Trotski del Politburó, pero que la propuesta chocó con la oposición de Stalin, ansioso de preservar su reputación de moderado.

Durante el resto del año, la destreza literaria de Trotski echó más leña al fuego. En un folleto conmemorativo sobre *Lenin* describiría su estrecha vinculación personal con Lenin durante la revolución en términos que parecían hinchar su propia importancia y relegar a otros participantes a un lugar secundario. En octubre de 1924 publicó un largo ensayo titulado *Lecciones de Octubre,* en el que reprochaba duramente a Kamenev y otros «viejos bolcheviques» su resistencia a las «tesis de abril» de Lenin, al regreso de éste a Petrogrado en abril de 1917, y a Zinoviev y Kamenev su oposición a la toma del poder en octubre, que había sido mencionada por Lenin en su testamento señalando que, al igual que el pasado no bolchevique de Trotski, se trataba de cosas que no deberían ser usadas contra ellos (véase p. 86 *supra*). Esta embestida provocó un torrente de réplicas y controversia, y alentó al triunvirato y a sus seguidores a escarbar, profunda y malévolamente, en el propio pasado de Trotski. Kamenev lanzó un largo discurso, publicado como folleto bajo el título *¿Leninismo o trotsquismo?*, en el que acusaba a Trotski de menchevismo, recordaba sus muchas y acerbas discusiones con Lenin, y añadía la acusación de «subestimación del campesinado», que en adelante se haría habitual. Stalin le siguió, de forma más escueta e incisiva, en la misma vena. La denuncia de Trotski se convirtió en un ejercicio rutinario en la prensa y en las reuniones del partido. El golpe más violento fue el descubrimiento y publicación de una carta olvidada de Trotski en 1913, llena de crudas y airadas invectivas contra Lenin. No se necesitaban más pruebas para demostrar la incompatibilidad del «trotsquismo» con el «leninismo».

Abrumado por esta ola de ataques, Trotski guardó silencio. Una vez más sucumbió ante la misteriosa enfermedad que le había afligido el invierno anterior, y los médicos le aconsejaron marchar hacia un clima más suave. No asistió a la sesión del comité central del partido, celebrada en enero de 1925. Envió a esta sesión una carta en la que sostenía que su silencio frente a «muchas acusaciones falsas, e incluso monstruosas» era «correcto desde el punto de vista de los intereses generales del partido»; y pedía, «por interés de nuestra causa», que se le relevara de sus deberes como presidente del Consejo Militar Revolucionario. Mientras la sesión se desarrollaba, él partió para el Cáucaso. El comité dudaba sobre las sanciones que se le debían aplicar. Los extremistas, entre los que se encontraban Zinoviev y la delegación de Leningrado, proponían que se le expulsara del partido, del comité central, o cuando menos del Politburó. Los moderados, apoyados por Stalin, se contentaban con relevarle de sus funciones militares. Prevaleció este último punto de vista: Trotski fue destituido de sus puestos de presidente del Consejo Militar Revolucionario y comisario del Pueblo para la Guerra. Fue sustituido por Frunze, cuyo nombramiento fue la señal para una fuerte campaña de reconstrucción del Ejército Rojo, que había sido dado de lado desde el final de la guerra civil.

La controversia provocada por *Lecciones de Octubre* condujo, de forma casi casual, a una importante innovación en la doctrina del partido. Uno de los puntos en los que Lenin y Trotski habían estado una vez en desacuerdo, y que ahora fue esgrimido contra Trotski por sus críticos, era la llamada teoría de la «revolución permanente», expresión que originalmente había usado Marx. Trotski había sostenido en 1905 que, si se producía una revolución en la atrasada Rusia, aunque en una primera etapa se mantuviera como una revolución burguesa antifeudal, pasaría automáticamente al estadio de revolución socialista anticapitalista. Lenin era renuente a la perspectiva de esta transición, a menos que, como Trotski y él esperaban, la revolución en Rusia encendiera la llama de la revolución en los países avanzados de Occidente. La disputa era de poca importancia, y había sido olvidada mucho antes de 1917, cuando Lenin, en sus «tesis de abril», pareció adoptar una posición cercana a la de Trotski. Pero nadie prestó la menor atención a la cuestión hasta que Bujarin, en diciembre de 1924, contribuyó a la campaña contra Trotski con un artículo sobre «La teoría de la revolución permanente». Bujarin sólo intentaba poner de relieve las diferencias de opinión entre Lenin y Trotski, y no sacaba conclusiones positivas. Pero cuando, unos pocos días más tarde, Stalin publicó también un largo ensayo sobre el tema, como introducción a una recopilación de sus discursos y artículos, utilizó la denuncia de la teoría de Trotski como trampolín para una nueva doctrina sobre el «socialismo en un solo país».

Stalin abandonaba ahora lo que más tarde llamaría la fórmula «incompleta y, por tanto, incorrecta» que había usado en sus conferencias de la primavera anterior, cuando había sostenido que los esfuerzos de un solo país eran «insuficientes para la organización del socialismo». Tras declarar que «la 'revolución permanente' de Trotski es la negación de la teoría de la revolución proletaria de Lenin», sostenía que Lenin había contemplado en varios pasajes de sus escritos la posibilidad de una victoria del socialismo en un solo país. Stalin admitía que «para una victoria *completa* del socialismo, para una *completa* garantía contra la restauración del antiguo orden de cosas, son indispensables los esfuerzos combinados del proletariado de varios países». Pero ¿significaba eso que «la Rusia revolucionaria no podría resistir a la Europa conservadora» y construir un régimen socialista en la URSS? La respuesta de Stalin era una resonante negativa. La argumentación era complicada y casuística, apoyándose extensamente en citas sacadas de su contexto. Era también en buena medida ilusoria, ya que se desarrollaba en condiciones que ni Lenin ni Trotski habían considerado posibles: la supervivencia del régimen revolucionario en Rusia sin que se hubieran producido revoluciones en otros países. Pero psicológicamente su impacto fue enorme. Prescindía de vanas expectativas de ayuda desde el exterior. Halagaba el orgullo nacional al presentar la revolución como un logro específicamente ruso, y la construcción del socialismo como una sublime tarea en cuya realización el proletariado ruso ofrecería un ejemplo al mundo. Hasta este momento, la dependencia de las perspectivas del socialismo en Rusia respecto a la revolución socialista en otros países había ocupado un lugar central en la doctrina del partido. Ahora se invertía el orden de prioridad. Stalin se gloriaba de que la revolución en Rusia era «el comienzo y la premisa de la revolución mundial». Los críticos de la doctrina de Stalin se revelaban, implícita y explícitamente, como medrosos, tímidos, carentes de confianza en el pueblo ruso, escépticos sobre su capacidad y determinación. El socialismo en un solo país era una poderosa llamada al patriotismo nacional. Sin lugar a dudas, ponía a Rusia en primer lugar.

Stalin había creado un clima de opinión que iba a explotar al máximo en su lucha contra sus rivales. Pero por el momento nadie tomó muy en serio su abstrusa excursión al campo de la teoría. En la sesión del comité central del partido de enero de 1925, en la que se condenó a Trotski, el socialismo en un solo país no fue mencionado. Tres meses más tarde, Bujarin volvió a hablar de él en un discurso, de forma indecisa y sin mencionar a Stalin, y en términos que sugerían que él había sido uno de los autores de la idea. Esta aparecería, de forma no muy destacada, en la principal resolución de la conferencia del partido en abril de 1925, la cual, apoyándose en citas de Lenin, anunciaba que «en general la victoria del socialismo (*no* en el sentido de victoria *final)* es posible incondicionalment[illegible] un solo país». Cuando el triunvirato se rompió algu[illegible] meses más tarde, se dijo que este párrafo había sido [illegible] de un enfrentamiento en el Politburó en vísperas [illegible] conferencia. Pero los datos que se conocen sugieren [illegible] Zinoviev y Kamenev no plantearon objeciones de importancia, mostrándose indiferentes antes que hostiles. Cuando Stalin celebró su modesta victoria en un discurso tras la conferencia, citó una vez más a Lenin: «Sólo cuando el país esté electrificado, sólo cuando hayamos dado a la industria, a la agricultura y al transporte la base técnica de la moderna industria a gran escala, sólo entonces habremos vencido finalmente.» Hasta ese momento, el socialismo en un solo país podía haber sido visto como una continuación de la NEP, que también había vuelto la espalda a las escasas perspectivas de revolución internacional, y había trazado el camino al socialismo a través de una alianza con el campesino ruso. Ahora Stalin estaba avanzando a tientas hacia la concepción muy diferente de una Rusia autosuficiente, transformada y económicamente independiente gracias a una industria y una agricultura modernizadas. Stalin no insistió en este punto, y quizá no era plenamente consciente de sus implicaciones. Pero era una deslumbrante visión a largo plazo; y se correspondía con los cambios que estaban empezando a hacerse sentir en la escena económica.

El ascenso gradual de Stalin a una posición de autoridad tras la muerte de Lenin ocurrió en un período de controversias y conflictos económicos agudos, que fue también un período de recuperación económica. La resolución de la crisis de las tijeras en diciembre de 1923, y las subsiguientes tomas de posición por parte del partido, anunciaban una atención nueva a la restauración de la industria pesada. La doctrina del socialismo en un solo país, independientemente de las opiniones de sus portavoces, prestaba apoyo a la promoción de la industria pesada como condición de autosuficiencia. Pero también implicaba que esto podría conseguirse con los recursos de la atrasada economía rusa. Aquí estaba el problema. La controversia sobre la industrialización, como todas las cuestiones en la escena económica soviética, estaba vinculada a los problemas de la agricultura, que una vez más vinieron a perturbar el clima de complacencia existente. La cosecha de grano de 1924, aunque dañada por una tardía sequía veraniega, fue buena. Nadie parece haber dudado de que los campesinos, liberados de las cargas de la crisis de las tijeras, entregarían a los órganos de recaudación del Estado, a precios fijados oficialmente, las cantidades de grano requeridas para alimentar a las ciudades. No sucedió nada semejante. La recaudación de grano se quedó desastrosamente corta. Por primera vez aparecieron en el mercado comerciantes privados en gran número, y los precios fijos tuvieron que ser abandonados. A fin de año los precios estaban subiendo rápidamente. Entre diciembre de 1924 y mayo de 1925 el precio del centeno se duplicó. Con la vuelta del mercado libre, las tijeras se habían abierto de nuevo, esta vez a favor del campesinado, y las ciudades se encontraban entre la espada y la pared. Además, el mecanismo de los precios operaba en el sentido de aumentar las diferencias de riqueza en el campo. El campesino rico, el odiado kulak, era quien tenía mayores excedentes para vender, y quien podía permitirse conservarlos hasta que los precios alcanzaran un máximo. Se dijo que muchos campesinos pobres, forzados a vender su cosecha, la vendieron barata en el otoño a los kulaks, que se beneficiaron vendiéndola cara en la primavera.

Estos hechos dieron origen a una aguda controversia en el partido. Los dirigentes seguían aferrados al principio básico de la NEP: conciliación con el campesinado; en julio de 1924, Zinoviev lanzó la consigna «De cara al campo». Pocos días después, Preobrazhenski leyó en la Academia Comunista un ensayo sobre «La ley fundamental de la acumulación socialista», que fue reconocido por todos como un penetrante reto a la línea oficial. Marx había mostrado que las primeras etapas de la acumulación capitalista habían requerido «la separación de los productores de los medios de producción», es decir, la expropiación del campesinado; así —argumentaba Preobrazhenski—, la acumulación socialista «no puede llevarse a cabo sin la explotación de la producción en pequeña escala, sin la expropiación de parte del plusproducto del campo y del trabajo artesanal». Descartaba como impracticable el principio de «intercambio equivalente» entre el campo y la ciudad, y abogaba por «una política de precios dirigida conscientemente hacia la explotación de la economía privada en todas sus formas». Preobrazhenski no se anduvo con remilgos al elegir sus palabras; y su franqueza dio un arma a los defensores de la dirección del partido y del campesinado. Bujarin publicó una réplica indignada, en la que se denunciaba el artículo como «el fundamento económico del trotsquismo». Pero Preobrazhenski había puesto al partido, en los términos más claros, frente al difícil dilema de reconciliar el proceso de industrialización con el mantenimiento de la indulgencia hacia el campesinado.

A lo largo de 1925, mientras Stalin maniobraba astutamente entre los otros dirigentes, se evitó una confrontación abierta entre ambas políticas. Había fuerte presión a favor de nuevas concesiones a los campesinos, lo que en la práctica significaba concesiones a los campesinos acomodados o kulaks. En abril de 1925, una conferencia del partido aprobó tres medidas de este tipo. El impuesto agrícola, el único vehículo fiscal directo sobre el campo, se reduciría, y se modificaría su incidencia para hacerlo menos progresivo. Se reconocerían el derecho a emplear trabajo asalariado y el derecho a arrendar tierras, que hasta entonces habían estado prohibidos parcialmente (y poco eficazmente) por las leyes agrarias. Fue en ese momento cuando Bujarin lanzó un discurso que sería muy citado como la más franca exposición de la política que representaban estas decisiones. Habló a favor de «la capa superior y acomodada del campesinado» (los kulaks y, en parte, los campesinos medios), que necesitaban incentivos para producir. «A los campesinos, a todos los campesinos —exclamó—, debemos decirles: *enriqueceos,* desarrollad vuestras granjas, y no temáis que se os pongan límites.» Bujarin negaba que esto fuera «una apuesta por los kulaks», frase que había sido acuñada quince años antes para describir la reforma de Stolipin. Pero también descartaba «un agudizamiento de la guerra de clases en el campo». Bujarin, al igual que su adversario Preobrazhenski, perjudicó a su causa con su franqueza carente de diplomacia. Parece que Stalin dijo a otros dirigentes del partido que «enriqueceos» no era «nuestra consigna». Pero eso fue algunos meses antes de que se le atacase públicamente; y el curso trazado por Bujarin sería seguido durante el resto del año.

Sin embargo, junto con las medidas destinadas a proporcionar incentivos a la producción campesina, atraían creciente atención las necesidades de la industria pesada. Hasta entonces la recuperación de la industria había significado básicamente volver a dar uso productivo a la maquinaria y las plantas que habían estado ociosas desde la guerra civil; para eso no se requerían grandes desembolsos de capital. Pero, a finales de 1924, el proceso había alcanzado un límite. Se estimaba que las fábricas e instalaciones existentes estaban siendo utilizadas en un 85 por 100 de su capacidad. La industria estaba comenzando a aproximarse a los niveles de producción alcanzados en 1913, y podía plantearse el sobrepasarlos. Pero para mantener la tasa de crecimiento industrial, y especialmente para revivir la industria pesada, se requerían inversiones de capital a gran escala. En enero de 1925, el comité central del partido abogó por «asignaciones presupuestarias» a la industria, así como por «una expansión del crédito». Se debía renovar el equipamiento anticuado y se debían crear nuevas industrias. Espoleado de esta forma, el Vesenja organizó «una conferencia especial sobre la restauración del capital fijo en la industria», que permaneció en actividad durante los dieciocho meses siguientes. La conferencia del partido de abril de 1925, en la que se votaron las concesiones al campesinado, también aprobó un plan trienal para la industria metalúrgica que implicaba una inversión total de 350 millones de rublos.

El año 1925 fue todavía un período de optimismo, en el que parecía posible satisfacer las demandas de una economía en auge. No sería la cosecha misma (la mejor desde la revolución), sino su secuela, lo que pondría de relieve las dimensiones del problema inherente a las relaciones entre la industria y la agricultura. Los órganos de recaudación de grano del Estado abandonaron los precios «fijos» de 1924, y recibieron instrucciones de trabajar con precios «directivos» que podrían ser ajustados cada cierto tiempo. Pese a la experiencia de la cosecha anterior, todo el mundo parecía dar por supuesto que la abundancia de la cosecha mantendría los precios bajos, que el grano excedente podría ser utilizado para la exportación, y que los ingresos de la cosecha proporcionarían medios para la financiación de la industria. Estas esperanzas se vieron defraudadas. Tras la cosecha de 1925, los campesinos prósperos acumularon grandes existencias de grano. Pero no tenían incentivos para convertirlos en dinero. La reducción del impuesto agrícola había aliviado la presión fiscal; la oferta de bienes industriales era escasa, e incluía pocas cosas que ellos desearan comprar; y, aunque nominalmente la moneda hubiera sido estabilizada, atesorar grano era una inversión más segura que un fajo de billetes de banco. Podían permitirse esperar. El grano llegaba hasta el mercado con lentitud. Los precios subieron vertiginosamente bajo la influencia de la oferta escasa, de la competencia con los compradores en el mercado libre, e incluso de la competencia entre los diferentes órganos estatales compradores de grano. Se evaporaron las esperanzas de exportaciones de grano o de ganancias de la cosecha para financiar la industria. La cosecha había sido un éxito para el campesinado. Su comercialización fue un desastre para el gobierno. La crisis dividió al partido y fue la señal del comienzo de una prolongada y áspera lucha entre las peticiones de industrialización y planificación, por una parte, y la economía de mercado orientada al campesinado y promovida por la NEP, por la otra, lucha que iba a dominar el período subsiguiente.

Estos acontecimientos fueron el telón de fondo del ascenso de Stalin a una posición de suprema autoridad en el partido y en la URSS. El año 1925 fue decisivo. El miedo y la envidia a Trotski habían sido el cemento que había mantenido unido al triunvirato. Tras la derrota y desplazamiento de Trotski, en enero de 1925, este aglutinante comenzó a desintegrarse. Trotski pasó más de tres meses convaleciente en el Sur. Cuando regresó a Moscú se encontró ante una embarazosa situación. Eastman, un comunista norteamericano muy conocido, había pasado el invierno de 1923-1924 en Moscú, y era un abierto partidario de Trotski. A comienzos de 1925 publicó en Nueva York un pequeño libro, *Since Lenin died* («Desde que Lenin murió»), en el que hacía una narración detallada y precisa, desde el punto de vista de Trotski, de las intrigas del triunvirato durante las últimas semanas de vida de Lenin y tras su muerte, citando el testamento de Lenin (la primera referencia a este documento que aparecía impresa). Las revelaciones causaron sensación. Ansiosos miembros del Partido Comunista Británico escribieron y telegrafiaron a Trotski preguntándole su opinión sobre el libro. Los dirigentes del partido en Moscú le pidieron con insistencia que refutara las acusaciones de Eastman. Una vez más, Trotski se enfrentaba al dilema de mantenerse firme o negarse a luchar en lo que se podía considerar una cuestión secundaria. Seguía sufriendo la profunda inhibición que le impedía presentarse en público en oposición a la mayoría de sus colegas: «no se puede tener la razón contra el partido». Si se le ocurrió que retroceder significaba perjudicar a su causa y renegar de sus amigos, ahogó esas dudas en nombre de la disciplina de partido. El 1 de julio de 1925 firmó una larga declaración que, como escribiría tres años después, «*me fue impuesta* por una mayoría del Politburó». Describía como «una calumnia» la acusación de que el comité central del partido hubiera «'ocultado' al partido cierto número de documentos de extrema importancia escritos por Lenin en el último período de su vida», incluyendo «el llamado 'testamento'». Lenin no había dejado ningún testamento; todo lo que había escrito, y especialmente «una de las cartas de Vladimir Ilich, conteniendo consejos de tipo organizativo», había sido comunicado a los delegados al congreso del partido. Las historias sobre un testamento oculto eran «una invención maliciosa». La declaración de Trotski fue publicada en la revista británica de izquierda *Sunday Worker* el 19 de julio, y en la revista del partido ruso *Bolshevik* el 1 de septiembre de 1925. Este sería el último triunfo del triunvirato unido.

A su regreso a Moscú, Trotski había sido nombrado para dos o tres puestos menores, y en buena medida nominales, relacionados con la industria. Durante el resto del año lanzó unos pocos discursos y escribió unos pocos artículos, sobre planificación y desarrollo industrial, subrayando la necesidad de «alcanzar a Occidente», pero sin ningún desafío abierto a la política del partido. Su contención aflojó el último lazo que mantenía unido al triunvirato. Tras algunos altercados preliminares, estalló una abierta disensión en torno a la crisis en la recaudación de grano. Zinoviev y Kamenev, cambiando su anterior posición, se manifestaron en contra de la orientación favorable al campesinado, de la que Bujarin seguía siendo el más claro exponente. En septiembre, Zinoviev envió a *Pravda,* para su publicación, un artículo titulado «La filosofía de una época». Este adoptaba la forma de un ataque a un escritor emigrado, Ustrialov, que había celebrado con entusiasmo el apoyo de Bujarin a los kulaks, proclamando gozosamente que «el campesino se está convirtiendo en el único verdadero dueño de la tierra soviética». Zinoviev concluía que «la NEP, junto con el retraso de la revolución mundial, está cargada, entre otros peligros, con el peligro de degeneración». El comité central del partido insistió en la eliminación de las frases que apuntaban demasiado directamente a Bujarin. Pero el sentido del artículo, que apareció en dos números de *Pravda* y se publicó en forma de folleto, era inconfundible. Al mes siguiente, Zinoviev publicó un volumen de ensayos bajo el título de *Leninismo*. En uno de ellos se repetía el ataque contra Ustrialov y se denunciaba la consigna de «Enriqueceos», aunque todavía sin mencionar a Bujarin por su nombre. En otro se citaba la denuncia de los kulaks por Lenin, y se recordaba su descripción de la NEP como una «retirada»; esto implicaba que la industria soviética bajo la NEP era una forma de «capitalismo de Estado», una conclusión que Bujarin negaba. El capítulo más decisivo de todos era un ataque frontal contra el «socialismo en un solo país»; era imposible «seguir siendo leninistas si se debilitaba un ápice el factor internacional del leninismo». Esto era una declaración de guerra no sólo contra Bujarin, sino contra el propio Stalin.

El brusco abandono por Zinoviev de la orientación a favor del campesinado, y su paso a la causa de la industria y el proletariado, tenían una cierta lógica. Una lucha por el poder entre Zinoviev y Stalin era una lucha entre la organización del partido en Leningrado, controlada por el primero, y la organización central del partido en Moscú, controlada por el segundo. Kamenev estaba a la cabeza de la organización local de Moscú. Pero ésta se hallaba bajo la sombra de la organización central en la misma ciudad; Kamenev no tenía autoridad para afirmar su independencia, y pronto sería desplazado. Leningrado seguía siendo la ciudad más fuertemente industrializada de la URSS. Era el hogar del proletariado que había sido la vanguardia de la revolución, y mantenía su tradición proletaria. En Moscú el nuevo proletariado conservaba lazos mucho más estrechos con el campo. Zinoviev sólo podía movilizar y dirigir a los obreros de Leningrado contra Moscú sobre la base de una plataforma que enarbolara las reivindicaciones preeminentes de los trabajadores y rechazara tajantemente los intentos de exaltación del papel del campesinado. La rivalidad entre las dos capitales y entre las dos organizaciones del partido, entre *Pravda,* que era el órgano del comité central del partido en Moscú, y *Leningradskaia Pravda*, el diario de la organización del partido en Leningrado, desempeñó un papel importante en la lucha por el poder entre Stalin y Zinoviev.

El campo de batalla fue el XIV Congreso del partido, que tuvo lugar durante la última quincena de 1925. Stalin y Zinoviev fueron los principales oradores; Bujarin replicó a Zinoviev, y fue respondido por Kamenev. Mientras Zinoviev y Kamenev denunciaban ferozmente a los kulaks, Bujarin defendió su campo; y Stalin, cuya preocupación era derrotar a sus dos principales rivales, le apoyó sin demasiado entusiasmo. El congreso no tomó ninguna decisión significativa sobre política agrícola. Pero mostró una creciente impaciencia respecto a los privilegios de los que disfrutaban los kulaks, e insistió una vez más en la urgencia de la industrialización. Cuando se hubo posado el polvo del conflicto en el partido, fue evidente que una decisión fundamental quedaba pendiente. En el congreso, con una frase que sería muy recordada, Bujarin hizo un esfuerzo desesperado por demostrar que la conciliación con el campesinado no era incompatible con la política de industrialización: «Avanzaremos a paso de tortuga, pero en cualquier caso estaremos construyendo el socialismo, y lo construiremos.» Pero la industrialización a paso de tortuga ya no podía satisfacer al creciente cuerpo de opinión que quería transformar a la URSS en un gran país industrial, independiente de Occidente. Paradójicamente, la victoria de Bujarin y la derrota de Zinoviev en el congreso no condujeron a la victoria y a la derrota de las políticas que ellos representaban respectivamente. No fue totalmente inapropiado que el congreso fuera conocido posteriormente como «el congreso de la industrialización».

Sin embargo, los problemas económicos no dominaron el debate, que se abrió en un tono correctamente bajo, pero se fue volviendo más acre al irse tocando cuestiones políticas y personales sensibles. Kamenev criticó «la teoría del 'líder'», y lanzó un ataque personal contra Stalin. Krupskaia habló por la oposición, y causó sensación al desafiar la doctrina de que «la mayoría siempre tiene razón». Molotov y Mikoian estaban entre quienes apoyaban a la línea oficial, y Voroshilov elogió a Stalin. Los delegados de ambas partes, nominalmente elegidos por sus circunscripciones del partido, habían sido elegidos a dedo por las organizaciones del partido, y una sólida falange procedente de Leningrado estaba aislada en medio de una audiencia hostil. La resolución de apoyo a la línea oficial fue aprobada por una mayoría de 559 a 65. *Leningradskaia Pravda,* que hasta entonces había sido el portavoz de la oposición, fue tomado, nombrándose un nuevo director desde Moscú. Después del congreso una fuerte delegación, incluyendo a Molotov, Voroshilov, Kalinin, Rikov, Tomski, Kirov, y más tarde Bujarin, marchó a Leningrado, y organizó una serie de reuniones masivas de miembros del partido. Los medios de presión con los que se había silenciado e intimidado a los seguidores de Trotski fueron dirigidos ahora contra los partidarios de Zinoviev. Se indujo a asambleas masivas de obreros a condenar a sus antiguos dirigentes y a votar la aprobación de las decisiones del congreso por amplias mayorías. Se preparó así el terreno para una conferencia provincial del partido en Leningrado, en la que Bujarin fue el principal orador. Se repitió el mismo veredicto, y resultaron elegidos para los órganos del partido en Leningrado seguidores leales del comité central del partido; Kirov, un joven y popular recién llegado a la dirección del partido, se convirtió en secretario del comité provincial del partido en Leningrado, la cabeza *de facto* de la organización de Leningrado. Fue una toma completa. Zinoviev siguió siendo miembro del Politburó y presidente de la Comintern. Pero, expulsado de su base de Leningrado, perdió todo poder efectivo. Stalin era el vencedor. Pero lo que su victoria presagiaba, económica o políticamente, todavía no estaba claro.

9. LA URSS y el Occidente (1923-1927)

El avance hacia el establecimiento de relaciones normales con las potencias occidentales que había seguido a la introducción de la NEP sufrió un retroceso durante el turbulento año 1923. El año comenzó con la ocupación del Ruhr por los franceses en represalia por un incumplimiento en el pago de reparaciones por parte de los alemanes. En Inglaterra, la caída de Lloyd George dio a Curzon el control total de la política exterior. En Francia, el no menos inflexible Poincaré estaba en la cumbre de su poder. En mayo de 1923, una serie de protestas británicas contra ofensas soviéticas culminó en lo que se conocería como el «ultimátum de Curzon». En éste se enumeraban detalladamente las actividades de agentes soviéticos en Persia, Afganistán y la India, en violación de los compromisos adquiridos en el tratado comercial anglo-soviético de marzo de 1921. A menos que se abandonaran estas actividades y se resolvieran una serie de reclamaciones pendientes de menor importancia en el plazo de diez días, el gobierno británico amenazaba con anular el acuerdo comercial y retirar a su representante en

Moscú. El gobierno soviético, asustado ante esta violenta embestida, aceptó satisfacer la mayor parte de las demandas, y emprendió una discusión suave y de escasos resultados sobre la cuestión de la propaganda; y de momento la tormenta se disipó.

En Alemania, el único país importante que había acordado hasta entonces el reconocimiento *de jure* del gobierno soviético, el año estuvo marcado también por acontecimientos inquietantes. La economía y la moneda alemanas se hundieron bajo la presión de la ocupación del Ruhr; y una serie de crisis políticas hicieron que los optimistas observadores de Moscú olfatearan una oportunidad de resarcirse del fracaso de marzo de 1921 (véanse páginas 33 y 63 *supra*). En agosto fueron llamados a Moscú Brandler y otros dirigentes del KPD, y se hicieron planes para tomar el poder mediante un golpe en el otoño. Pero la confianza se vio socavada por diferencias tácticas. El esquema completo fue tan mal realizado que después se produjeron recriminaciones interminables. Una insurrección comunista aislada en Hamburgo, el 23 de octubre, fue aplastada fácilmente. En ese momento Stresemann estaba a la cabeza de un gobierno comprometido a restaurar la destrozada economía; y Seeckt, jefe del Reichswehr, mostró plena confianza en su capacidad para mantener el orden. Lo más paradójico de este episodio es que no perturbó las relaciones germano-soviéticas. La moraleja estaba clara. Seeckt, garantizada su libertad para entendérselas con los comunistas alemanes, estaba plenamente interesado en continuar y desarrollar la colaboración militar con Moscú, y Stresemann aprobaba de buena gana esa política. El gobierno soviético, en Alemania como en Turquía, no se podía permitir apoyar a los comunistas locales a expensas de su necesidad de aliados y socios en el juego de la diplomacia internacional. La misma lección se podía sacar de su buena disposición para cultivar relaciones amistosas con el régimen fascista de Mussolini en Italia.

El año 1924 se abrió bajo auspicios más prometedores. La llegada al poder del primer gobierno laborista británico trajo el reconocimiento *de jure* del gobierno soviético el día 1 de febrero; y pocos días después le siguió el reconocimiento italiano. En mayo, las elecciones en Francia condujeron a la formación de una coalición de izquierdas dirigida por Herriot. Pero, como consecuencia de la poderosa oposición de los franceses tenedores de obligaciones en la Rusia prerrevolucionaria, el reconocimiento del gobierno soviético se retrasó hasta octubre. Durante el verano se desarrollaron en Londres negociaciones para reemplazar por un tratado anglo-soviético el acuerdo comercial de 1921. El tratado, acompañado de una promesa de préstamo, se firmó en agosto frente a una fuerte oposición del Partido Conservador y de los intereses financieros y comerciales británicos. En ese momento, los liberales retiraron su apoyo al gobierno laborista, que resultó derrotado en la Cámara de los Comunes. El tratado no fue ratificado, y en las subsiguientes elecciones los conservadores obtuvieron una victoria arrolladora. A su victoria contribuyó la publicación, inmediatamente antes de las elecciones, de la «carta de Zinoviev»: una carta de la Comintern al CPGB con instrucciones para la realización de propaganda en las fuerzas armadas y otros lugares. La carta era, con casi absoluta certeza, una falsificación. Pero su contenido parecía verosímil; y fue suficiente para inflamar aún más a la opinión pública contra la URSS y sus amigos británicos. El nuevo gobierno conservador, con Austen Chamberlain como ministro de Asuntos Exteriores, no rompió formalmente las relaciones, pero suspendió virtualmente todo contacto con el gobierno soviético durante todo el año de 1925. Las negociaciones franco-soviéticas para el arreglo de deudas y reclamaciones llegaron igualmente a un punto muerto.

Mientras, el equilibrio de fuerzas en Europa había cambiado con la aceptación en agosto de 1924 del «plan Dawes», apoyado diplomática y financieramente por los Estados Unidos, para un acuerdo de liquidación de las obligaciones de reparación alemanas con ayuda de un préstamo internacional masivo. Este fue el punto de partida de un proceso de reconciliación entre los vencedores y los vencidos de 1918, proceso que culminó con el famoso tratado de Locarno, que los representantes de las partes aprobaron con sus iniciales en Locarno en octubre de 1925, siendo firmado con gran ceremonia en Londres el día 1 de diciembre. La esencia del tratado era la garantía mutua de las fronteras occidentales de Alemania: una aceptación voluntaria por Alemania de esta parte del tratado de Versalles, que, sin embargo, no implicaba la aceptación de sus fronteras orientales. Esta actitud fue mal recibida en Moscú, donde se la consideró como prueba de una nueva orientación de Alemania hacia el Oeste y como un abandono de Rapallo. Se entendía, además, que se había prometido a Alemania la admisión en la Sociedad de Naciones, con un puesto en el Consejo de la Sociedad, y el gobierno soviético expresó una particular aprensión a que Alemania, como miembro de la Sociedad de Naciones, pudiera verse obligada a participar en las sanciones decretadas por la Sociedad contra la URSS. Se intentó aplacar estos temores mediante una declaración, firmada por todas las partes del tratado de Locarno, de que un miembro de la Sociedad sólo podía ser requerido a participar en sanciones «en una medida que fuera compatible con su situación militar y tuviera en cuenta su posición geográfica». En estos términos, Alemania entró finalmente en la Sociedad en septiembre de 1926.

A pesar de las seguridades en sentido contrario, el tratado de Locarno fue valorado correctamente en Moscú como un intento de reintegrar a Alemania en el mundo occidental, de apartarla de su enredo con los soviéticos y de aislar a la URSS como un elemento extraño en la Sociedad de Naciones. El intento no tuvo un éxito completo. Alemania, que aún se resentía de la humillación de 1918, era consciente de su inferior estatus entre las potencias occidentales, y no deseaba llegar a depender exclusivamente de ellas. Su asociación con la URSS ya no era tan íntima como en los días en que el tratado de Rapallo había unido a los dos proscritos. Pero para Alemania seguía siendo un contrapeso en sus relaciones con Occidente, y un importante factor en el equilibrio de poder en Europa. La desconfianza común hacia Polonia seguía siendo un firme vínculo entre los dos países. Los acuerdos militares secretos germano-soviéticos funcionaban bien; y el Reichswehr se habría opuesto fuertemente a todo intento de romperlos. Las relaciones económicas eran beneficiosas para ambos países. En el mismo momento en que Stresemann estaba negociando con Chamberlain y Briand en Locarno, se firmaba en Moscú un acuerdo comercial germano-soviético, que conllevaba un sustancial crédito de un grupo de bancos alemanes. Para la URSS, Alemania era su mayor y más fiable socio comercial.

Esta no sería, sin embargo, la única demostración del interés alemán en mantener un punto de apoyo en Europa oriental. El gobierno soviético, no contento con denunciar los esfuerzos británicos por levantar una coalición antisoviética de Estados, buscaba en ese momento establecer relaciones especiales con otros Estados que pudiesen estar interesados en resistirse a ese designio. Pero como no deseaba adquirir ningún compromiso militar, y buscaba ante todo impedir una acción combinada contra la URSS, la fórmula propuesta era el compromiso mutuo de cada parte a no participar en acciones hostiles, militares o económicas, contra la otra, y a permanecer neutral en caso de una guerra provocada por una agresión contra la otra. En diciembre de 1925 se firmó sobre esta base un tratado con Turquía. La misma fórmula, con variantes verbales, se incorporó a un tratado germano-soviético el 24 de abril de 1926. Algunos alemanes invocaron el precedente del «tratado de reaseguro» de Bismarck con Rusia en 1887; y el tratado causó considerable irritación en Occidente. De tiempo en tiempo, iracundos interludios perturbarían las relaciones normales entre Moscú y Berlín. El más serio de estos incidentes ocurrió en diciembre de 1926, cuando los embarques soviéticos de material de guerra a Alemania, según los acuerdos militares secretos, llegaron a conocimiento de los socialdemócratas alemanes, que hicieron una protesta pública en el Reichstag, con gran embarazo de los gobiernos alemán y soviético, y especialmente de los comunistas y nacionalistas de derecha alemanes. Pero los temores de represalias aliadas no se materializaron: las potencias occidentales estaban demasiado comprometidas en el mantenimiento de las buenas relaciones con Alemania establecidas por el tratado de Locarno para plantear esta incómoda cuestión. La tormenta amainó; y durante los años siguientes, mientras las relaciones soviéticas con Europa occidental eran casi nulas, las relaciones con Alemania, políticas, militares, económicas y culturales, serían mucho más estrechas y fructíferas que con ningún otro país.

El elemento revolucionario en la política y en la perspectiva de las relaciones de la URSS con el mundo exterior, cristalizado institucionalmente en la Comintern, todavía aparecería en ocasiones en conflicto con las actividades diplomáticas dirigidas por el Narkomindel, de una forma que crearía embarazo momentáneo. Pero el carácter ilusorio del supuesto choque entre las aspiraciones de la revolución y las de la diplomacia, subrayado por la pretensión de que el gobierno soviético no era responsable de las actuaciones de la Comintern, se revelaba en el argumento, constantemente repetido, de que la URSS era el único bastión sólido de la revolución mundial, cuyas perspectivas dependían de su fortaleza y seguridad. Según esta hipótesis, los intereses de la revolución internacional y los intereses nacionales de la URSS eran inseparables. Un corolario de este punto de vista era la dependencia respecto al partido ruso de todos los demás partidos comunistas, a los que con frecuencia se denominaba «secciones» de la Comintern. Un choque entre la Comintern y el partido ruso era impensable. Cuando en la primavera de 1922 veintidós miembros de la Oposición Obrera apelaron a la Comintern, tal y como les permitían los estatutos, en contra del trato recibido en el partido ruso, la apelación fue desechada sin mayor estudio por una comisión de la que formaban parte el búlgaro Kolarov y la alemana Clara Zetkin. El partido ruso era el único que había encabezado una revolución victoriosa. Había adquirido el derecho y el deber de guiar e instruir a los demás partidos en el camino de la revolución. El hecho histórico de que la Comintern se hubiera desarrollado como una institución construida según un modelo ruso, y centrada en torno al partido ruso, prestaba apoyo a este argumento.

La relación de los partidos comunistas con los órganos centrales de la Comintern fue la clave de su V Congreso, que se celebró en junio de 1924. Los dirigentes del KPD, que habían fracasado estrepitosamente en la insurrección de octubre en Alemania, fueron condenados como derechistas, y sustituidos por nuevos dirigentes procedentes de la izquierda, Ruth Fischer y Maslow. Un cambio similar se produjo en los partidos francés y polaco, cuyos dirigentes, ahora motejados de derechistas, se habían declarado a favor de Trotski. Pero en el congreso, en medio de mucha retórica sobre las virtudes de la izquierda, se hizo evidente que la principal cualidad exigida a los nuevos dirigentes de izquierda era la obediencia disciplinada a las decisiones tomadas en Moscú. Zinoviev lanzó la consigna de la «bolchevización» de los partidos, definida en una resolución del congreso como «la transmisión a nuestras secciones de todo lo que era y es internacional, y de significación general, en el bolchevismo ruso». Su adopción pareció una cuestión obvia. Era el producto automático del retraso de la revolución en los demás países; y recibía nuevas fuerzas de la doctrina del socialismo en un solo país, que recogía el papel de la URSS como único ejemplar de una revolución socialista triunfante. Stalin, que hasta entonces no había tomado parte en los trabajos de la Comintern, asistió modestamente al V Congreso, pero dejó las candilejas a Zinoviev; habló en algunas de las comisiones, pero no en las sesiones plenarias, y se dio a conocer a los delegados extranjeros. Trotski, que estuvo presente y redactó un manifiesto del congreso sobre el inminente décimo aniversario de la guerra de 1914, no habló.

Durante los siguientes tres años, el aislamiento de la URSS en un mundo capitalista fue una fuente de ansiedad creciente para Moscú. Las economías capitalistas de

Europa, gravemente afectadas por la guerra de 1914-1918, habían recuperado su equilibrio hacia mediados de los años veinte, y disfrutaban una oleada de prosperidad, estimulada por la inversión norteamericana. El reconocimiento por la Comintern de que los países occidentales habían alcanzado un estado de «estabilización capitalista» fue matizado adjudicando a ésta los epítetos de «relativa» y «temporal», y vino acompañado por la insistencia en una «estabilización soviética». Pero estas consideraciones inspiraron un clima de cautela. Los dirigentes de izquierda de los partidos extranjeros, que habían ganado favor en el V Congreso, fueron desplazados durante los dos años siguientes, y reemplazados por moderados. Se abandonaron los congresos anuales de la Comintern, sustituidos por sesiones «ampliadas» del IKKI; el VI Congreso no fue convocado hasta 1928. Todavía se evocaban visiones de la revolución inminente, pero cada vez con menos convicción. Se realizaba propaganda revolucionaria, pero fundamentalmente como un arma defensiva contra gobiernos cuya hostilidad era conocida y temida. El ascenso de Stalin fue acogido con cierta satisfacción en Occidente, ya que representaba el eclipse de revolucionarios virulentos como Trotski y Zinoviev por un dirigente moderado y cauto, dedicado ante todo a restablecer los recursos de su propio país.

En este período se produjo el apogeo del frente único, con la asidua recomendación de la cooperación de los comunistas con otros partidos y grupos izquierdistas, y de la organización de «frentes» internacionales, no ostensiblemente comunistas, aunque fomentados y parcialmente financiados desde Moscú, que reclutaba simpatizantes de izquierda de grupos o partidos heterogéneos para apoyar causas favorecidas por la Comintern. De estos frentes, el más famoso y el que más éxito obtuvo fue la Liga contra el Imperialismo, cuyo congreso fundacional en Bruselas, en febrero de 1927, reunió por vez primera a delegados de China, la India e Indonesia, del Oriente Medio, de muchas partes de Africa, de América Latina y de los negros norteamericanos, en torno a una plataforma de protesta contra la dominación tiránica de las potencias imperialistas sobre los pueblos sometidos. La celebración en Moscú del décimo aniversario de la revolución, en noviembre de 1927, a la que asistió una constelación de distinguidos huéspedes extranjeros, fue la ocasión para la fundación de una sociedad internacional de Amigos de la Unión Soviética. Organizaciones como la Ayuda Obrera Internacional y la Ayuda Internacional de Clase a los Prisioneros de Guerra, centradas en Moscú pero con ramas en los otros principales países, servían para el mismo propósito de mantener contactos con la izquierda no comunista y de ganar simpatías para la URSS.

Las relaciones con el movimiento obrero británico fueron anómalas desde el primer momento. El CPGB se formó en 1920 por la fusión de varios grupos escindidos de la extrema izquierda; el número total de sus miembros a mediados de los años veinte era de unos 5.000. Su debilidad se veía compensada por la excepcional fortaleza de los sindicatos británicos, que formaban el núcleo del movimiento obrero y tenían una influencia dominante en el Partido Laborista. Además, los sindicatos habían mostrado en más de una ocasión una simpatía calurosa y efectiva hacia la revolución rusa y el régimen soviético. Ganarse a los sindicatos de los países capitalistas era la tarea de la Internacional Sindical Roja (Profintern), creada en Moscú en 1921. En Francia y Checoslovaquia sus esfuerzos tuvieron éxito al escindir el movimiento de forma más o menos igual entre los sindicatos afiliados a la existente Federación Internacional de Sindicatos, llamada comúnmente Internacional de Amsterdam, y los sindicatos afiliados a la Profintern. En Alemania no se produjo ninguna escisión, y los miembros del KPD ejercían considerable influencia sobre los sindicatos afiliados a la Internacional de Amsterdam. En Inglaterra los sindicatos, con muy pocas excepciones, permanecieron fieles a Amsterdam. Pero una mayoría de los sindicatos británicos siguieron deplorando durante muchos años la escisión en el movimiento internacional, y haciendo llamadas a la reconciliación entre las dos federaciones rivales. Agudos celos y profundas diferencias ideológicas entre Amsterdam y Moscú hacían que esto fuera una ambición sin esperanzas.

La Profintern fue fundada en el mismo momento en que la Comintern adoptaba la política de frente único. Cuando en el II Congreso de 1920 Lenin bosquejó por vez primera las ideas que tomarían forma un año más tarde bajo el lema de «frente único» (véase p. 30 *supra*), sus observaciones se dirigían fundamentalmente a la situación en Inglaterra, y a la necesidad de que los comunistas británicos apoyaran a los «MacDonalds y Hendersons» del Partido Laborista, cuya peculiar constitución hacía posible y normal que los miembros del CPGB fueran al mismo tiempo miembros del Partido Laborista. Pero en Inglaterra los sindicatos ofrecían el terreno más natural para una aproximación a los simpatizantes obreros no comunistas. Se decía que el comunista inglés típico llevaba tres carnés en su bolsillo: el del CPGB, el de su sindicato y el del Partido Laborista. La Profintern abrió una oficina en Londres; y, respondiendo a este estímulo, el CPGB promovió dos organizaciones de frente único: el National Minority Movement (Movimiento Nacional de la Minoría, NMM), para actuar como un grupo de activistas dentro de los sindicatos, y el National Unemployed Workers Movement (Movimiento Nacional de Trabajadores en Paro, NUWM), para realizar propaganda y agitación, bajo dirección comunista pero con amplia participación obrera, sobre uno de los principales males del momento. Aunque el Partido Laborista rechazó repetidas peticiones de afiliación del CPGB, sus miembros de base no eran inicialmente hostiles a los comunistas como individuos. En las elecciones de 1922 fueron elegidos al Parlamento dos comunistas, uno como candidato oficial del Partido Laborista, el otro con apoyo laborista tácito.

La reacción llegó más rápidamente en el Partido Laborista que en los sindicatos. En 1924 el Partido Laborista prohibió la selección de comunistas como candidatos laboristas oficiales. Se tomó la decisión de prohibir a los miembros del CPGB el acceso a los congresos del Partido Laborista, pero tal decisión no pudo llevarse a la práctica desde el momento en que los sindicatos los incluían en sus delegaciones. En los sindicatos, la simpatía hacia la URSS estaba más enraizada. Tomski, el dirigente sindical soviético, habló en los congresos de los sindicatos británicos en 1924 y 1925, en medio de escenas de entusiasmo, y una delegación inglesa asistió al congreso de los sindicatos soviéticos en diciembre de 1924 (inmediatamente después de la carta de Zinoviev y de la derrota del gobierno laborista). A comienzos de 1925 se formó un comité sindical conjunto anglo-ruso, con el fin de fomentar la cooperación entre los sindicatos de ambos países. Pero el proyecto subestimaba las discrepancias y diferencias de perspectiva entre los dirigentes sindicales soviéticos y británicos, y la renuencia de estos últimos a situarse en una posición contraria a la Internacional de Amsterdam. Las reuniones del comité se convirtieron en ocasión para recriminaciones cada vez más graves entre los delegados soviéticos y británicos. Existía resentimiento por las actividades de la Profintern y por muchas críticas soviéticas violentas contra los dirigentes británicos; y las agresivas tácticas del NNM y del NUWM causaban continua irritación. En el Consejo General de los sindicatos ingleses una mayoría antisoviética se enfrentaba a una decreciente minoría prosoviética.

La línea divisoria fue la huelga general inglesa de mayo de 1926. A ojos de los soviéticos, una huelga general era un hecho político, una puja por el poder, un acto de la guerra de clases y el comienzo de una revolución proletaria. Por parte inglesa seguía siendo, como en su comienzo, una disputa salarial. Los dirigentes sindicales, y una vasta mayoría de los trabajadores, querían conseguir una mayor participación en los beneficios del sistema existente, y no pretendían derrocarlo. Las exhortaciones a la revolución radiadas desde Moscú los alejaron y los distanciaron; y rehusaron la ayuda financiera ofrecida por los sindicatos soviéticos alegando que perjudicaría a su causa, insulto por el que los dirigentes ingleses nunca serían perdonados por sus colegas soviéticos. Cuando después de diez días reconocieron su derrota y desconvocaron la huelga general, dejando a los mineros, cuyos agravios habían sido la causa y la inspiración originales de aquélla, en una desesperada lucha en solitario, esto pareció a ojos de los soviéticos una prueba concluyente de que los dirigentes sindicales británicos se habían vendido a la burguesía, y de que la única esperanza consistía en levantar a la base de los trabajadores en rebelión contra una burocracia sindical traidora. Desde entonces, la animosidad soviética contra los dirigentes ingleses fue implacable; y el fracaso en debilitar la lealtad de la mayoría de los sindicalistas ingleses hacia sus dirigentes envenenaría y frustraría las relaciones soviéticas con el movimiento durante muchos años.

La huelga general, y la ayuda financiera a los huelguistas ofrecida por Moscú, echaron leña al fuego de la campaña antisoviética realizada con creciente vehemencia desde el otoño de 1924 por destacados políticos conservadores. Durante el invierno de 1926-1927 se hizo irresistible la exigencia en círculos conservadores de una ruptura de relaciones con la URSS. En mayo de 1927 los locales de la Arcos, en los que se encontraban algunas oficinas de la delegación comercial soviética en Londres, fueron registrados por la policía. Los documentos ocupados no contenían revelaciones sensacionales. El propósito de la operación, sin embargo, era claro y no se vio frustrado. El 24 de mayo Baldwin anunció la ruptura de relaciones diplomáticas con la URSS y la anulación del acuerdo comercial. Ningún otro gobierno siguió el ejemplo británico. Pero la presencia británica todavía dominaba la escena diplomática europea. El gesto fue suficiente para crear una generalizada inquietud. Temores de guerra, o por lo menos de que se produjera un bloqueo económico y financiero, se extendieron por Moscú. Pilsudski había tomado el poder en Polonia el año anterior; y se temía que Inglaterra pudiera instigarle o apoyarle en acciones militares contra la URSS. La confederación de los sindicatos británicos contribuyó al desconcierto de los dirigentes soviéticos al votar, en su congreso anual de septiembre de 1927, la disolución del comité sindical anglo-ruso, que durante mucho tiempo había sido blanco de los ataques de Trotski y la oposición en Moscú. En el horizonte no aparecía ningún rayo de luz. La cosecha vino seguida de una crisis de formidables dimensiones en la recaudación de grano. Dentro del partido, la batalla con la oposición alcanzó su punto de mayor virulencia. Incluso en Asia la fortuna soviética se encontraba en su momento más bajo.

A lo largo de este período, el gobierno de los Estados Unidos se negó de forma inflexible a reconocer al gobierno soviético o a tener relaciones con él. Esta actitud fue reiterada por sucesivos presidentes y secretarios de Estado, y sólo fue desafiada por un puñado de intelectuales radicales y por unos pocos banqueros y hombres de negocios interesados en el renacimiento del comercio con la URSS. Tras haberse levantado una prohibición oficial del comercio, la prohibición de préstamos a la URSS, el veto a la aceptación de oro soviético alegando las disputas sobre su propiedad, y la negativa de los bancos a conceder créditos, constituían una prohibición efectiva de cualquier transacción importante. Pero un delgado hilo de comercio comenzó a fluir. En 1924 las autoridades soviéticas crearon una empresa comercial en Nueva York bajo el nombre de Amtorg, contrapartida de la Arcos de Londres. Un emisario oficioso soviético residía en Washington, y ocasionalmente visitaba el Departamento de Estado a título individual. En 1925 el financiero norteamericano Harriman obtuvo una concesión para explotar las minas de manganeso del Cáucaso. Aunque el proyecto no tuvo éxito, y la concesión fue cancelada más tarde, esto supuso una grieta en el hielo. Pero hasta después de 1927, cuando la industrialización ya estaba en marcha en la URSS, los industriales norteamericanos no se interesarían seriamente en el mercado soviético.

10. La URSS y el Oriente (1923-1927)

Los países no europeos ocuparon sólo un lugar periférico en el pensamiento de Marx, y fueron olvidados por la Primera y Segunda Internacionales. Cuando Lenin, en su famosa obra publicada en 1916, diagnosticó el imperialismo como fase superior y última del capitalismo, le preocupaban más sus implicaciones para los países imperialistas que para sus súbditos coloniales. Las proclamas dirigidas a los pueblos de Asia durante el primer año de la revolución fueron en su mayor parte incitaciones a la rebelión contra la dominación extranjera, y en particular británica; y el congreso fundacional de la Comintern, en marzo de 1919, incluyó una llamada a los «esclavos coloniales de Asia y Africa». Fue en el II Congreso, en junio de 1920, cuando por vez primera se intentó trazar una política para los llamados «países coloniales y semicoloniales». En unas tesis redactadas por Lenin se llamaba a «una estrecha alianza con la Rusia soviética de todos los movimientos de liberación nacional y colonial». El que los movimientos nacionales con los que se establecería esta alianza fueran democrático-burgueses o comunistas proletarios dependería de la etapa de desarrollo de los países en cuestión. En los países atrasados, los comunistas debían estar dispuestos a apoyar a todo movimiento «nacional-revolucionario» de liberación, incluso a los de carácter democrático-burgués. Esta era una solución de sentido común, que seguía presentando muchos problemas prácticos.

Tras el congreso, la Comintern tomó su primera iniciativa importante en cuestiones de Oriente, convocando en Bakú un «Congreso de los pueblos de Oriente» que reunió a casi 2.000 delegados, la mayor parte de ellos procedentes de Asia central, y predominantemente musulmanes. En este área no era difícil presentar al imperialismo británico como principal enemigo; y éste fue el tema fundamental de quienes hablaron en el congreso. Pero surgieron problemas tanto por las susceptibilidades religiosas de muchos delegados musulmanes como por la presencia de Enver, un dirigente de la revolución nacionalista de los Jóvenes Turcos en 1908, al que se consideraba en general responsable de matanzas de armenios, y cuyas credenciales socialistas o democráticas eran notablemente escasas. El congreso no tuvo secuelas y no produjo resultados duraderos. Un congreso similar de los pueblos del Oriente Lejano se proyectó para un año después en Irkutsk. El plan se vino abajo, y el congreso se celebraría finalmente en Moscú, en enero de 1922. Pero para entonces el entusiasmo se había desvanecido, y el congreso resultó menos impresionante que su antecedente de Bakú. En el Oriente Lejano, Japón era el país en el que la industrialización había progresado más según el modelo occidental, que poseía un proletariado numeroso, y que, por consiguiente, parecía ofrecer las perspectivas revolucionarias más prometedoras. Pero al congreso fundacional de la Comintern no acudieron delegados japoneses; y el Japón capitalista era más impenetrable incluso al impacto del comunismo que los países capitalistas de Occidente. El campo que resultaría más fructífero para la propaganda comunista y la diplomacia soviética sería China, donde un creciente movimiento nacional por la liberación de la dominación imperialista se dirigía contra los «tratados injustos» y los establecimientos extranjeros en los «puertos de tratado».

En un artículo de 1912 inspirado por la revolución china de ese año, Lenin declaró que «cientos de millones de trabajadores asiáticos tienen un aliado seguro en el proletariado de los países civilizados», y predijo que la victoria del proletariado «liberará a los pueblos de Europa y a los pueblos de Asia»; y describió a Sun Yat-sen, el dirigente nacionalista chino, como un *narodnik* con un «núcleo democrático revolucionario» en su programa. Cuando en 1918 Sun Yat-sen estableció en Cantón un gobierno nacionalista disidente, que le convirtió en cabeza reconocida del movimiento nacional, la simpatía mutua entre los dos centros revolucionarios se mostró en un intercambio de cartas y telegramas entre Sun y Chicherin. La diplomacia soviética entró en actividad en China por primera vez a comienzos de los años veinte. Las tropas japonesas habían permanecido en Siberia mucho tiempo después de que las demás potencias que habían intervenido en la guerra civil hubieran retirado sus unidades. Pero en 1921, bajo presión norteamericana, estaban partiendo. Las tropas soviéticas se desplazaron gradualmente hacia el Este, expulsaron a un ejército ruso blanco que había ocupado la Mongolia Exterior, y en noviembre de 1921 proclamaron la República Popular de Mongolia bajo el patronazgo y control soviéticos. En el verano de 1922, Yoffe fue enviado desde Moscú en un intento de clarificar las relaciones con el oscuro y en gran medida impotente gobierno chino de Pekín. El intento fracasó. Pero en enero de 1923 Yoffe tuvo un encuentro en Shanghai con Sun Yat-sen, que había sido expulsado recientemente de Cantón. Era un momento en el que los principios del frente único y de la cooperación con los movimientos nacionales para resistir al imperialismo estaban firmemente implantados en la política soviética. Una declaración conjunta firmada al final de la reunión recogió la aceptación por Yoffe del punto de vista de Sun Yat-sen, según el cual «ni el orden comunista ni el sistema soviético pueden ser introducidos efectivamente en China, porque no existen allí las condiciones necesarias para establecer con éxito el comunismo o el sovietismo». Pero se estuvo de acuerdo en que «el problema principal y más urgente para China es conseguir la unificación nacional y alcanzar una plena independencia nacional»; y Yoffe aseguró que China podía contar con la simpatía y el apoyo más cálidos de Rusia en esta tarea.

Dos meses más tarde, Sun Yat-sen recuperó el poder en Cantón, y el acuerdo con Yoffe fue el punto de partida de un largo y fructífero período de cooperación soviética con Sun y su partido, el Kuomintang. En el otoño de 1923 Chiang Kai-shek, uno de los lugartenientes de Sun, fue enviado a Moscú a negociar el suministro de armas y equipo; y Borodin, un comunista ruso nacido en América y angloparlante, llegó a Cantón para actuar como asesor de Sun. Durante el año siguiente, Borodin logró fraguar una estrecha alianza entre Sun y él, y entre el Kuomintang y el gobierno soviético, con el objetivo común de liberar China de la dominación de las potencias imperialistas (Inglaterra, Japón y Estados Unidos). Desde su regreso a Cantón, Sun había establecido allí un gobierno nacionalista, que planeaba lanzar un día una expedición militar al Norte para reunificar China y expulsar a los privilegiados intrusos extranjeros. Desde la URSS llegaban a Cantón suministros militares en un volumen modesto, pero creciente; asesores soviéticos ayudaron a construir el ejército de Cantón, y a equipar y proveer de profesorado a una nueva academia militar. Bajo la guía de Borodin, Sun reforzó la débil organización del Kuomintang. El Partido Comunista Chino (PCCh), fundado en 1921, tenía en este momento poco más de mil miembros, principalmente intelectuales marxistas. Antes de la llegada de Borodin, y aparentemente por instigación de la Comintern, se llegó a un acuerdo por el que los miembros del PCCh se convertirían también en miembros del Kuomintang. El modelo era aparentemente el doble estatuto de muchos miembros del CPGB como miembros del Partido Laborista; y la intención era que ese grupo disciplinado y dedicado robusteciera a la organización mayor y más débil. Todos estos acuerdos enmascaraban las discrepancias entre la doctrina marxista y los «tres principios» de Sun Yat-sen: «nacionalidad», «democracia» y «bienestar del pueblo». Esta ocultación resultaba fácil en la medida en que se subordinaba todo a la revolución nacional contra el imperialismo. Pero cuando Borodin presionó para que se incluyera la expropiación de los terratenientes en el programa del Kuomintang, Sun se resistió tenazmente y Borodin tuvo que ceder.

A finales de 1924, Sun Yat-sen se embarcó en un viaje a Japón y al norte de China para informarse sobre la situación. Por el camino cayó enfermo, y murió en Pekín el 12 de marzo de 1925. Parecía lo más probable que la sucesión recayera en Wang Ching-wei, un hombre inteligente pero débil, perteneciente al ala izquierda del Kuomintang. La capacidad militar de Chiang Kai-shek, y el prestigio que había adquirido por su visita a Moscú, le daban una posición dominante. Pero por el momento no revelaba ambiciones políticas, y dependía mucho del apoyo soviético para la construcción del ejército nacional. El acontecimiento más sensacional de 1925 ocurrió en Shanghai el 30 de mayo, cuando la policía municipal, bajo mando británico, abrió fuego sobre una manifestación de obreros y estudiantes en huelga, matando a varios. Este hecho provocó una huelga general y desórdenes laborales masivos que duraron dos meses y se extendieron a Cantón. Por primera vez se formó una organización sindical efectiva en Shanghai, bajo la dirección del PCCh; y el número de miembros del PCCh se disparó en unas pocas semanas hasta 10.000. Un resultado de estos primeros síntomas de revuelta obrera en China fue agudizar la hostilidad mutua entre Inglaterra y la URSS. Otro fue fomentar el crecimiento dentro del Kuomintang de un ala derecha comprometida en la causa de la liberación nacional, pero hostil a la revolución social. Chiang Kai-shek observaba los acontecimientos, y maniobraba calladamente entre la izquierda y la derecha.

El interés soviético en China no se reducía a su atención por el movimiento nacional revolucionario centrado en Cantón. Lo que lindaba directamente con el territorio soviético era el norte de China. En agosto de 1923 Karajan llegó a Pekín como representante diplomático ante el gobierno chino, y en mayo de 1924 concluyó un tratado para la regularización de las relaciones chino-soviéticas. El gobierno soviético ya había renunciado a los derechos y concesiones extraterritoriales de los que Rusia, junto con las otras grandes potencias, había disfrutado anteriormente en China. Las restantes manzanas de la discordia eran la Mongolia Exterior, sobre la que el gobierno chino aún alegaba soberanía, y el Ferrocarril Oriental Chino (FOCh), de construcción rusa, que atravesaba toda Manchuria camino de Vladivostok. El tratado reconocía a Mongolia Exterior como «parte integral» de China; pero no se fijaba fecha para la retirada de la administración o de las tropas soviéticas, y la URSS estaba decidida a mantener un firme control de la República Popular de Mongolia. El FOCh fue puesto bajo el control de una junta formada por cinco miembros chinos y cinco rusos; pero el director general de la línea sería nombrado por el gobierno soviético, acuerdo que causaría muchas fricciones en los años siguientes. El gobierno soviético no veía ninguna incompatibilidad entre la defensa de sus intereses en el norte de China y el apoyo a la causa revolucionaria en el Sur. Pero en algunos círculos del Kuomintang produjo agudo resentimiento la firma de estos acuerdos por la URSS con los enemigos jurados del movimiento nacionalista.

El gobierno chino de Pekín que había negociado el tratado chino-soviético se encontraba bajo el poco firme control de Wu Pei-fu, el jefe militar que había dominado durante algún tiempo la China central y que contaba con apoyo británico. En el otoño de 1924 estallaron las hostilidades entre Wu y Chang Tso-lin, jefe militar de Manchuria y protegido de Japón. La derrota de Wu se adelantó por la deserción de Feng Yü-hsiang, que controlaba una amplia área de la China noroccidental. Habiendo sido hasta entonces un subordinado de Wu, Feng proclamó en aquel momento su simpatía por el Kuomintang y por el gobierno nacionalista de Cantón, cambio de frente al que pudieron contribuir subvenciones y ofertas de apoyo procedentes de Moscú. Tras el declinar de la autoridad de Wu, Feng trató de imponer su propio control sobre Pekín y las provincias adyacentes. Pero esta ambición fue frustrada por Chang Tso-lin, quien lo desplazó a finales de 1925. Desde entonces el desventurado gobierno de Pekín se convirtió en una marioneta de Chang.

Había ahora sólo dos fuerzas militares importantes en China: la de Chang Tso-lin en el Norte y la fuerza nacionalista mandada por Chiang Kai-shek, en rápida expansión en el Sur. Buena parte de la China central era presa de los dispersos ejércitos que habían servido a Wu Pei-fu. En estas condiciones Chiang tomó, a comienzos de 1926, la trascendental decisión de iniciar en el verano la largamente proyectada «expedición al Norte». Esta no fue bien acogida por Borodin ni por los asesores soviéticos. De la expedición al Norte se había hablado continuamente como objetivo último de los preparativos militares, y se la había aplaudido en principio. Pero, presentada como un plan concreto para el futuro inmediato, despertó temores. Su éxito era dudoso, y parecía probable que provocara la intervención de las potencias imperialistas. El gobierno soviético estaba muy preocupado en este momento por la disputa con Chang Tso-lin sobre el FOCh, no quería problemas en otros lugares y no prestó gran atención a los acontecimientos de Cantón. En enero de 1926 Borodin salió de Cantón para visitar Pekín y el cuartel general de Feng; y, mientras él estaba fuera, estalló una disputa entre Chiang y los asesores soviéticos de mayor categoría, que sin ninguna diplomacia se mostraban escépticos sobre la proyectada empresa. El 20 de marzo de 1926 un incidente preparado de antemano, a partir de los movimientos de una cañonera china cuyo comandante era un comunista, dio a Chiang una excusa para confinar a varios asesores soviéticos en sus cuarteles y para encarcelar a los comunistas chinos que formaban parte de las fuerzas armadas. Los asesores fueron rápidamente liberados, pero Chiang exigió de forma perentoria la partida de los que habían discutido su autoridad. Cuando Borodin regresó a Cantón, a finales de abril, la paz se había restaurado y el honor de todos había quedado a salvo. Los asesores inculpados habían sido retirados. Bliujer (alias «Galin»), un oficial del Ejército Rojo que había estado anteriormente de servicio en China y era persona grata para Chiang, llegó para hacerse cargo de un equipo ampliado de asesores militares soviéticos. Todos aceptaban ahora la inminencia de la expedición al Norte, y Bliujer y sus hombres trabajaron activamente para planearla y organizarla. Pero la relación de fuerzas había cambiado. Chiang tenía firmemente el mando.

A comienzos de julio de 1926 un ejército nacionalista de 70.000 hombres, con toda una dotación de asesores soviéticos, marchó hacia el Norte desde Cantón. La campaña fue un brillante éxito. No sólo no encontraron resistencia, sino que a la marcha se unieron grandes refuerzos: unidades de los dispersos ejércitos de Wu Pei-fu y grupos de campesinos armados que vivían del saqueo de las haciendas de los terratenientes. Cuando a comienzos de septiembre Chiang entró en Hankou, la gran ciudad industrial de la China central y antigua capital de los dominios de Wu, su fuerza sumaba unos 250.000 hombres. Pocas semanas más tarde avanzó hacia el Este para levantar sus cuarteles generales en Nanchang: un primer paso en el camino de Shanghai. En noviembre, las autoridades del Kuomintang abandonaron Cantón, junto con Borodin y su equipo, y viajaron a Hankou, donde se proclamó un gobierno nacional revolucionario en medio de escenas de entusiasmo. La ciudad fue ampliada, uniendo a ella dos centros industriales adyacentes, y se la rebautizó Wuhan. Fue un momento de triunfo, en Wuhan y en Moscú.

La victoria ocultaba, sin embargo, las semillas de la calamidad. Mientras el movimiento revolucionario había permanecido en su marco nacionalista, y predicado la liberación del imperialismo extranjero, la unidad se había mantenido. Pero cuando algunos de sus patrocinadores comenzaron a hablar de la liberación de los campesinos y obreros de la opresión feudal o capitalista, aparecieron las notas discordantes. El Kuomintang era predominantemente pequeño-burgués. Entre sus miembros había más pequeños propietarios que campesinos sin tierras; se decía que la mayor parte de los oficiales de las fuerzas nacionalistas poseían tierras. Tampoco poseía vínculos específicos con los obreros o con el movimiento sindical de Shanghai iniciado tras los acontecimientos del 30 de mayo de 1925. La reunión del IKKI en Moscú, en noviembre de 1926, que saludó la victoria de la revolución china, lanzó directrices ambiguas. Anunció la fase siguiente de la revolución, en la que el proletariado se pondría a la cabeza; y proclamó la importancia de la revolución agraria en China. Dio a los comunistas chinos instrucciones para que permanecieran en el Kuomintang y apoyaran el movimiento nacional. El PCCh estaba dividido y vacilante. Pero Borodin interpretó correctamente los puntos de vista de Moscú cuando insistió en su apoyo leal al Kuomintang, incluso si esto implicaba posponer las demandas de obreros y campesinos para un momento más conveniente.

La crisis vino con una escisión del propio Kuomintang. El gobierno de Wuhan, que representaba al ala izquierda del Kuomintang y estaba fuertemente influenciado por Borodin, combinaba el apoyo a la revolución nacional con mucha retórica en favor de los objetivos de la revolución social. Las revueltas campesinas eran continuas en Hunan, la provincia situada al sur de Wuhan, y éste fue el momento en que Mao Tse-tung se dio a conocer por primera vez como campeón de los campesinos. En Nanchang, Chiang Kai-shek y sus generales se colocaron tajantemente a la derecha, expresando una abierta hostilidad hacia los comunistas y hacia las reivindicaciones de los campesinos y obreros revoltosos, que se interferían con sus ambiciones nacionalistas. A estos cambios contribuyó la nueva actitud del gobierno británico, que, impresionado por el notable éxito de las fuerzas nacionalistas, llegó a la conclusión de que sería más sensato llegar a un acuerdo con ellas que combatirlas. Abrió el camino para tal acuerdo devolviendo a control chino las concesiones británicas en Hankou y Jiujiang, y proponiendo suavizar o abolir las demás servidumbres impuestas a China por las tratados injustos del pasado. Chiang, que se sentía incómodo con la protección soviética desde hacía mucho tiempo, y ahora era suficientemente fuerte para prescindir de ella, vio una deslumbradora oportunidad de realizar sus ambiciones con la bendición de los imperialistas, cuya antipatía hacia los comunistas y su programa de revolución social corría pareja con la suya.

Todas las implicaciones del cambio no se advirtieron inmediatamente. Shanghai estaba en este momento bajo el control de un jefe militar menor, Sun Ch'uan-fang, que se encontraba claramente en una posición vulnerable. En febrero de 1927 los sindicatos de Shanghai organizaron una insurrección obrera, contando con la ayuda de Chiang Kai-shek, al que todavía veían como un libertador. Chiang no se movió, y Sun liquidó fácilmente la insurrección. Pocas semanas más tarde las fuerzas de Sun fueron derrotadas por las de Chiang en una batalla campal fuera de Shanghai. Una vez más los obreros de Shanghai se levantaron, crearon órganos locales de autogobierno y se prepararon a dar la bienvenida a la ciudad a las fuerzas nacionalistas. Cuando Chiang llegó finalmente, su desaprobación de estos hechos se hizo evidente. Las tropas impusieron el orden y los órganos de gobierno fueron disueltos. Después, el 12 de abril, cuando todo estuvo dispuesto, Chiang desencadenó una matanza organizada en gran escala por toda la ciudad de comunistas y militantes obreros. El PCCh y los sindicatos fueron aniquilados. Esta vez el mensaje era inequívoco. Chiang fue denunciado furiosamente en Wuhan y en Moscú. Pero estas protestas no cambiaban el hecho de que Chiang mandaba el único ejército efectivo en el centro y el sur de China, y se había ganado la simpatía y la tolerancia de las potencias extranjeras.

Pocos días antes otro desastre había quebrantado la política y el prestigio soviéticos en China. Siguiendo órdenes de Chang Tso-lin, y con la complicidad del cuerpo diplomático, el gobierno de Pekín realizó una incursión en la embajada soviética. La residencia del embajador fue respetada, pero los demás edificios fueron registrados, se detuvo a los empleados y se confiscó una masa de documentos. Los empleados chinos fueron ejecutados sumariamente, y a los soviéticos se los mantuvo en prisión durante varios meses en espera de juicio. Gran número de documentos, algunos auténticos, otros convenientemente adulterados, fueron publicados en varios idiomas para demostrar la conspiración comunista en contra del orden establecido. Las protestas soviéticas cayeron en oídos sordos, y se rompieron las relaciones diplo[redacted] Estos acontecimientos precedieron en un mes la [redacted] Arcos de Londres y la ruptura de las re[redacted] soviéticas.

En el verano de 1927, la fortuna sovi[redacted] alcanzó su punto más bajo. En Wuhan, [redacted] local declaró su independencia de Chiang. Pero no tenía más simpatía que éste por la revolución social, y llevó a cabo una matanza de campesinos en Changsha, capital de Hunan. Borodin y el gobierno de Wuhan contaban con la lealtad de Feng Yü-hsian, que acababa de volver de una visita larga y aparentemente entusiástica a Moscú. Pero Feng prefirió hacer un trato con Chiang, a consecuencia del cual despidió a sus asesores soviéticos y prohibió a los comunistas trabajar en su ejército. El PCCh tuvo un congreso en Wuhan en abril-mayo de 1927, en el que afirmó poseer 55.000 miembros. Pero su impotencia era evidente. El gobierno de Wuhan se desintegró lentamente. Uno de sus últimos actos fue pedir la retirada de Borodin. Este abandonó China a finales de julio; y los últimos asesores militares y miembros de las otras misiones soviéticas partieron también. Nada parecía quedar de cuatro años de esfuerzo febril dirigido desde Moscú. Se habían recibido golpes de los que incluso los observadores más optimistas veían pocas esperanzas de recuperación. En realidad, durante estos años se había generado un vasto fermento revolucionario en toda China.

Pero aún permanecería durante largo tiempo aplastado bajo el talón de hierro de Chiang Kai-shek.

De vez en cuando se propusieron ambiciosos planes para extender la propaganda y la influencia comunistas por el área del Pacífico, siendo considerados los marinos como los más prometedores agentes en tal tarea. En el verano de 1924 se reunió en Cantón una conferencia de trabajadores del transporte del Pacífico (principalmente marinos, aunque también estaban representados algunos trabajadores ferroviarios), aparentemente bajo los auspicios combinados de los comunistas y del Kuomintang. Estuvieron presentes más de veinte delegados del norte [redacted]hina, Indonesia y las Filipinas, mientras a [redacted]aponeses se les impidió hacer el viaje. La [redacted]ió salutaciones a la Comintern y a la Pro- [redacted]u plataforma parece haber sido antiimpe- [redacted]ue específicamente comunista. Nada más [redacted]el verano de 1927, durante el cual se reunió otra conferencia en Wuhan. Esta vez había venido desde Moscú Lozovski, presidente de la Profintern, y la conferencia se desarrolló bajo su dominante dirección. Asistieron delegados de la URSS y China, de Japón, Indonesia y Corea, y de Inglaterra, Francia y Estados Unidos; en cambio, los delegados de Australia y la India no pudieron llegar por el veto de sus respectivos gobiernos. La conferencia proclamó su apoyo a la revolución china, pidió la independencia de Corea, Formosa, Indonesia y las Filipinas, y creó un Secretariado Panpacífico permanente que llevaría durante varios años una existencia oscura en diversos centros y publicaría una revista llamada *El Obrero del Pacífico*.

Otras partes del mundo oriental estuvieron menos abiertas durante este período a las actividades del gobierno soviético o de la Comintern. Las relaciones soviéticas con el Japón no se diferenciaban de las mantenidas con otros países capitalistas. Una vez que las tropas japonesas se retiraron de la Siberia continental, las demandas soviéticas más importantes eran la evacuación del norte de la isla de Sajalin y el reconocimiento diplomático. Ambas fueron conseguidas tardíamente en un tratado de enero de 1925. Pero las cuestiones de los derechos de pesca y de la competencia entre el FOCh, que aprovisionaba Vladivostok, y el Ferrocarril del Sur de Manchuria, japonés, que aprovisionaba el puerto de Dairen, controlado por el Japón, eran causas constantes de fricción; y las mutuas sospechas continuaban nublando las relaciones. La fe inicial en el potencial revolucionario del proletariado japonés no se cumplió. La policía japonesa era eficiente e implacable, y el primer partido comunista japonés se autodisolvió a comienzos de 1924. Se reconstituyó como organización ilegal en diciembre de 1926. Algunos sindicatos se unieron a una federación disidente con vínculos comunistas o de izquierda. Pero casi la única consecuencia de estos esfuerzos fue agravar de vez en cuando las relaciones soviético-japonesas; y el partido sería virtualmente desarraigado una vez más por detenciones masivas en 1929.

Es poco lo que se puede mencionar en relación con otras zonas de Asia. La causa del comunismo indio tuvo poco éxito, excepto entre los indios residentes en Europa. Un pequeño partido comunista, constantemente hostigado por las autoridades británicas, llevó una existencia precaria. Los partidos obreros y campesinos promovidos por los comunistas en el ámbito provincial resultaron más prometedores. Las demandas de independencia y autonomía del Congreso Nacional Indio recibieron amplio apoyo; y las protestas contra las concesiones dilatorias y tibias del gobierno británico fueron frecuentes. De algunas huelgas se dijo que habían sido fomentadas por la propaganda comunista. Pero el gobierno tenía la situación bien controlada. En Indonesia, un pequeño partido comunista se vio reforzado por una organización nacionalista popular musulmana y por un incipiente movimiento sindical. En noviembre de 1926, aparentemente sin iniciativa ni apoyo de la Comintern, se produjo una insurrección masiva, que fue aplastada en pocos días. Tras ella hubo deportaciones masivas y ejecuciones que supusieron el final efectivo del partido indonesio durante muchos años. El Oriente Medio ofrecía aún menos oportunidades a la diplomacia soviética o a la infiltración comunista. Las relaciones con Turquía y Persia estaban destinadas a contrarrestar la influencia en estos países de las potencias occidentales, en particular Inglaterra, y a desarrollar el comercio entre ellos y la URSS. Las ocasionales dificultades del trato con regímenes ferozmente represivos de todos los movimientos de izquierda no llegarían a perturbar el curso de la política soviética. En Egipto, el movimiento nacional de revuelta contra la dominación británica crecía lentamente y sin relaciones con la URSS. Los países árabes y Palestina se encontraban bajo un control occidental demasiado firme para que se permitiera en ellos ninguna actividad soviética o comunista significativa.

11. Los comienzos de la planificación

La concepción de una economía planificada socialista para reemplazar a la economía de mercado del capitalismo estaba profundamente arraigada en el pensamiento marxista, aunque tanto Marx como sus sucesores habían hecho poco por desarrollarla en detalle. Pero el concepto de planificación no era específicamente socialista; era inherente a toda reacción contra la economía del *laissez faire* en el siglo XIX. El tema subyacente al famoso memorándum de Witte al zar en 1899 era la necesidad de planificar el desarrollo de la economía rusa, aunque nada se desarrollara con precisión. En la crisis de la revolución y de la guerra civil, los bolcheviques no tuvieron tiempo para la teoría de la planificación. Pero Lenin, entre otros, se sentía impresionado por el grado en que la economía de guerra alemana se conformaba a un patrón de planificación y control centralizados. Y esto tampoco era accidental. El estadio final hacia el que se movía el capitalismo antes de la guerra por su desarrollo intrínseco era el capitalismo monopolista. Por lo que Lenin llamaba «la dialéctica de la historia», la guerra había acelerado la transformación del capitalismo monopolista en «capitalismo monopolista de Estado», el cual constituía «la más completa preparación *material* del socialismo». «*Sin los grandes bancos* —subrayó Lenin en septiembre de 1917— *el socialismo sería irrealizable*.» La aplicación a Rusia del modelo alemán presentaba todas las dificultades inherentes a la construcción del socialismo en un país atrasado. Aunque el reciente crecimiento de la industria en Rusia se había producido de forma altamente concentrada, y había dependido directa o indirectamente del Estado, se encontraba todavía en un estadio primitivo de organización, y podía ofrecer poca asistencia o guía, teórica o práctica, a los planificadores socialistas. Pero el principio de la planificación no encontró resistencia. El programa del partido en 1919 pedía «un único plan general del Estado» para la economía; y de vez en cuando las resoluciones del gobierno o del partido sobre asuntos económicos incluían regularmente la petición de «un plan económico único».

Para el presente, sin embargo, los planes para industrias particulares constituían un enfoque más prometedor. El más famoso de estos planes fue el trabajo de la comisión para la electrificación de Rusia (Goelro) creada en febrero de 1920. Este plan poseía una especial fascinación para Lenin, que acuñó el aforismo: «El comunismo es el poder soviético más la electrificación de todo el país.» Un año más tarde, en vísperas de la introducción de la NEP, se tomó la decisión de crear una «Comisión de Planificación General del Estado (Gosplan)». Pero Lenin mostraba en esta época poco entusiasmo por las discusiones del momento sobre el plan general, discusiones que desechaba como «charla y pedantería ociosas». Mientras que el Goelro se embarcó inmediatamente en la tarea práctica de planificar y construir una red de estaciones de energía, que más tarde haría una importante contribución al proceso de industrialización, el Gosplan quedó confinado durante varios años a ejercicios académicos de planificación global. Se hacían constantemente pronunciamientos sobre la necesidad de un plan económico único.

Pero los dirigentes del partido, aferrados a la NEP y a la prioridad de la agricultura, se mostraban indiferentes. A partir de 1920, los más activos campeones de la planificación fueron Trotski y otros críticos de la línea oficial. La planificación constituía ante todo una política industrial, de remotas e inciertas implicaciones para la agricultura; y su aplicación práctica significaba incursiones cada vez más profundas en la economía de mercado de la NEP. En estas condiciones, el progreso era lento. Los departamentos respectivos redactaron planes para ramas particulares de la producción, incluyendo la agricultura. Pero éstos, a diferencia del plan del Goelro, no tenían autoridad; ni se hizo ningún intento de coordinarlos. El presidente del Gosplan se quejaba en el verano de 1924 de que, tres años después de su fundación, aún no existía un «plan económico único».

Los argumentos a favor de una planificación global no dejaron de encontrar respuesta. Sobre planificación se había discutido mucho en términos generales, pero sus implicaciones prácticas no habían sido exploradas. El concepto de economía planificada era un concepto nuevo y no probado, que desafiaba en formas hasta entonces no reconocidas las reglas tradicionales de la economía de mercado. Los fines de los planificadores se veían contrarrestados por formidables argumentos tomados del arsenal de la economía clásica. La industria, y especialmente la industria pesada, era en la URSS un productor ineficiente de altos costos; la agricultura, con su ilimitado suministro de mano de obra campesina, era un productor de costos relativamente bajos. El máximo rendimiento del capital se obtendría invirtiendo en la agricultura, desarrollando excedentes agrícolas para la exportación y financiando así la importación de bienes industriales, incluyendo bienes de capital para el eventual desarrollo de la industria. Incluso en el campo de la producción industrial, en un país como la URSS en el que el capital era escaso y la mano de obra no cualificada superabundante, lo racional era dar prioridad a las industrias productoras de bienes de consumo simples, intensivas en trabajo, y no a las industrias productoras de bienes de capital, intensivas en capital. Pero una política de prioridad para la agricultura y para la industria ligera de consumo, por más en consonancia que estuviera con el análisis económico tradicional y con los principios de la NEP, era la misma antítesis de la ambición de los planificadores por acelerar la transformación de la URSS en un moderno país industrial que pudiera competir con los países industriales de Occidente. Los argumentos de los planificadores eran políticos antes que económicos, o quizá pertenecían a una especie nueva y poco familiar de «economía del desarrollo». La resistencia a estos argumentos, consciente o inconsciente, por parte de un gran número de economistas formados en la vieja escuela era fuerte y persistente.

Fue la crisis de las tijeras en el otoño de 1923 lo que, al revelar las insuficiencias de la NEP, produjo medidas de intervención del Estado en la economía, que serían los primeros pasos en el camino hacia la planificación global. Las brutales oscilaciones de los precios perturbaban las relaciones ordenadas entre el campo y la ciudad; la industria pesada estaba estancada; las cifras de paro crecían de forma persistente. A finales de 1923 se introdujeron controles de precios. En enero de 1924, la conferencia del partido, que reclamó el renacimiento de la industria metalúrgica, dio también instrucciones al Gosplan, siguiendo quizá un curso de pensamiento inconsciente, para que «estableciera un plan de perspectiva general de la actividad económica de la URSS por varios años (cinco o diez)». Pero los planificadores, aunque apoyados por el Vesenja como campeón de la industria, aún encontraron la poderosa oposición del Narkomzem y el Narkomfin, los custodios de la economía de mercado y la ortodoxia financiera; y hasta el año siguiente no se haría algún avance. En agosto de 1925, el Gosplan publicó sus «Cifras de control de la economía nacional» (fundamentalmente estimaciones preliminares) para el año que comenzaba el 1 de octubre de 1925. Las cifras eran un mero esbozo, que ocupaba con explicaciones y un comentario menos de cien páginas; y estaban marcadas por el resuelto optimismo que seguía inspirando los esfuerzos de los planificadores soviéticos. No eran obligatorias; se invitaba simplemente a los departamentos económicos a tomarlas en cuenta al trazar sus planes y programas. Los escépticos ridiculizaron las cifras como pura especulación. Sokolnikov, el comisario del Pueblo para las Finanzas, calificó a la propuesta de una mayor emisión de moneda para financiar el plan de «fórmula inflacionaria», y la excesiva atención prestada a la industria fue atacada por el Narkomzem. Entre los dirigentes del partido, sólo Trotski saludó con entusiasmo las «secas columnas de cifras» como «la gloriosa música del nacimiento del socialismo». Los otros dirigentes las recibieron, en el mejor de los casos, con una educada indiferencia. Las dificultades en la recaudación de grano tras la cosecha de 1925 (véase la p. 111 *supra*) desbarataron las optimistas estimaciones de los planificadores y desacreditaron su trabajo.

En estas circunstancias no era sorprendente que el importante XIV Congreso del partido, celebrado en diciembre de 1925, que terminó con la derrota de Zinoviev y Kamenev, ignorase las cifras de control y tuviese poco que decir sobre la planificación. Sin embargo, fue un momento decisivo. Fue significativo que Stalin atacara a Sokolnikov como principal defensor del mantenimiento de la URSS como un país agrario dependiente de las importaciones de bienes industriales desde el exterior. El congreso anunció el gradual abandono por Stalin, una vez que Zinoviev y Kamenev habían sido eliminados, de la orientación campesina inherente a la NEP, y su conversión a los proyectos de industrialización de largo alcance. La resolución del congreso expresaba la determinación de «asegurar la independencia económica del país, el desarrollo de la producción de medios de producción y la formación de reservas de maniobra económica». Todo esto, aunque sus defensores no fueron conscientes de ello, era un compromiso con la planificación, y daba un fuerte estímulo al Gosplan y a las comisiones de planificación regional que habían sido creadas en muchas partes del país. Hasta entonces los planes para cada industria y para la agricultura habían sido preparados por los departamentos correspondientes sin ningún intento de coordinación. Ahora la planificación iba a ser global para la economía en su conjunto. Se abría un nuevo período. La cuestión ya no era industrializar o no, sino cómo industrializar. Hasta 1925, la producción industrial había venido saliendo lentamente de la sima de la revolución y de la guerra civil para alcanzar sus niveles anteriores. Hasta entonces, el objetivo había sido restaurar lo que se había perdido o había quedado destruido. El avance de la tecnología industrial en los países capitalistas desde 1914 había aumentado, de hecho, las distancias entre la URSS y los países industrializados de Occidente. Había una necesidad urgente de nuevas construcciones y nuevo equipamiento tecnológico. Una vez que el camino estaba despejado para nuevos avances, se requerían decisiones políticas fundamentales, que debían basarse en un amplio plan para toda la economía.

Durante los dos años siguientes, la autoridad y el prestigio del Gosplan crecieron constantemente. En marzo de 1926, en un primer congreso de planificación de la Unión, las tareas del Gosplan fueron divididas en tres ramas: un plan «general» a largo plazo, un plan quinquenal «de perspectiva» y planes operativos anuales; y un mes más tarde el comité central del partido, en una resolución sobre la industrialización, pidió «el reforzamiento del principio de planificación y la introducción de la disciplina de planificación». El «plan general» resultó una empresa abortiva. Nunca fue completado, aunque por algún tiempo seguiría fomentando la visión de una transformación a largo plazo de la economía. Pero la idea de planificar para un período de cinco años atrapó la imaginación y estimuló las ambiciones de los planificadores. Los obligó a confinar perspectivas vagas y remotas en el plazo de un período fijo; por otra parte, era más fácil hacer estimaciones optimistas a realizar en un plazo de cinco años que limitarse a las perspectivas de un solo año. Los planes alternativos redactados por el Gosplan y el Vesenja rivalizaban en sus predicciones de desarrollo industrial, y seguían provocando controversia. Las cifras de control de 1926 y 1927 fueron a la vez más completas y más cautas que las de 1925. Pero el interés del Gosplan se desplazó a los más ambiciosos proyectos del plan quinquenal; y se llegó a comprender que las cifras de control debían engranarse en este plan todavía hipotético. Se dio la orden de basar los planes operativos (llamados «planes de producción y financiación») de cada industria en las cifras de control. La estructura de la planificación tomaba forma gradualmente.

En este momento se manifestó una profunda división de opiniones dentro del Gosplan entre las escuelas llamadas «genética» y «teleológica». Era significativo que la primera estuviera formada principalmente por economistas no pertenecientes al partido, la mayor parte de ellos antiguos mencheviques, empleados por el Gosplan, y la segunda por miembros del partido o por economistas sensibles a la línea oficial del partido. Los «genetistas» argüían que las estimaciones de la planificación debían basarse en las «tendencias objetivas» inherentes a la situación económica y estar limitadas por tales tendencias. Los abogados de la «teleología» mantenían que el factor decisivo en la planificación era el objetivo previsto, y que uno de sus fines era transformar la situación económica y las tendencias inherentes a ella. La base del plan no era la predicción, sino las directrices. Esto hacía de la planificación una actividad política, y no puramente económica. Evidentemente, ambos elementos estaban presentes en toda planificación, y las decisiones dependían de algún tipo de equilibrio o compromiso entre ellos. En la práctica, los «teleólogos» tendían a rechazar las reglas de la economía de mercado, y pretendían superarlas mediante acciones positivas; y esto significaba que prestaban menos atención a la conciliación con el campesinado. Estas actitudes constituían, aunque esto rara vez se admitiera, un desafío directo contra la NEP. En sus etapas más avanzadas, el efecto del enfoque «teleológico» era potenciar la creencia de que con empeño y entusiasmo suficientes ningún objetivo de la planificación era imposible de alcanzar, por ambicioso que fuera. Este clima llegaría a dominar la preparación de la versión final del plan quinquenal.

La identificación de planificación e industrialización fue evidente desde el primer momento. La fuerza motriz y motivación subyacente era desarrollar la industria soviética, rivalizar con Occidente, hacer a la URSS autosuficiente y capaz de confrontación con el mundo capitalista en términos de igualdad. Todavía era preciso crear una industria comparable a la industria del mundo occidental. El congreso del partido, celebrado en diciembre de 1925, aceptó sin problema alguno el principio de la prioridad para la producción de «medios de producción» sobre la producción de bienes de consumo. Esto significaba grandes inversiones en la industria pesada que no producirían ningún beneficio inmediato al consumidor. Para crear reservas de inversión dentro de la propia industria, los costes de producción quedaban sometidos a un «régimen de ahorro», y se les incluía en el marco de la planificación. Sin embargo, desde el momento en que las demás oportunidades de reducción de costes eran limitadas, el régimen de ahorro recaía más pesadamente sobre los trabajadores; la productividad debía aumentar o los salarios debían disminuir. Al mismo tiempo se hicieron persistentes esfuerzos por reducir por decreto los precios al por menor. Pero esto provocaba una creciente escasez de bienes a precios oficiales, y dejaba al consumidor, especialmente en las áreas rurales, a merced del comerciante privado, que todavía florecía bajo las condiciones de la NEP. Las cargas e incomodidades de la planificación a favor de la industria comenzaron a subir a la superficie.

En un primer momento nadie intentó llevar estas cuestiones demasiado lejos. Los costes de la industrialización todavía no habían sido plenamente evaluados. Cuando el presidente del Vesenja, Dzerzhinski, murió en julio de 1926, en medio de una aguda controversia sobre la tasa de inversión en la industria, su sucesor, Kuibishev, se reveló como un ferviente abogado de lo que se llegaría a llamar «industrialización forzada». Todavía suponía un freno el hecho de que la oposición unificada, Trotski y

Zinoviev, presionaran coherentemente en favor de una mayor industrialización, y fueran denunciados en esta época por Stalin y Bujarin como «superindustrializadores». Lo que dividía a ambos campos a finales de 1926 no era tanto una diferencia sobre la conveniencia o el ritmo de la industrialización como la hipótesis optimista de la mayoría, no compartida por la oposición, de que esta política podría ser llevada adelante sin graves tensiones sobre la economía, y en particular sobre su sector campesino. Las críticas de la oposición eran sofocadas, sin embargo, bajo la acusación de falta de fe en el régimen soviético o en la clase obrera. En esta época se aprobaron dos grandes proyectos de obras públicas: la gran presa de Dnieprostroi sobre el río Dniéper y el Turksib, y el ferrocarril que enlazaría el Asia central y Siberia (véanse pp. 188-192 *infra*).

El optimismo de los últimos meses de 1926 se vio sucedido por las angustias de la primavera y el verano siguientes, en los que la hostilidad occidental parecía amenazar a la URSS con el bloqueo o la guerra. Pero este cambio de clima, lejos de provocar un alto en la urgencia por la industrialización, fortaleció el empeño en hacer a la URSS autosuficiente y capacitarla para enfrentarse a un mundo capitalista hostil. Sucesivos borradores de planes fueron redactados y distribuidos; y el número de quienes protestaban por la poco realista ambición del conjunto de objetivos pronto se vio superado por el de quienes exigían un avance más rápido e intensivo. El «régimen de ahorro» fue seguido por una campaña en favor de la «racionalización de la producción», término que englobaba diversas presiones sobre los trabajadores y administradores para aumentar la eficiencia y disminuir los costes. En varias formas diferentes la «racionalización» podía elevar la productividad del trabajo, es decir, el producto por trabajador empleado. Podía hacerlo endureciendo la organización, en la administración o en la planta de producción, concentrando la producción en unidades más eficientes, normalizando la producción y reduciendo el número de modelos producidos. Podía hacerlo originando una utilización más eficiente y económica de las plantas y la maquinaria existentes. Podía hacerlo, sobre todo, modernizando y mecanizando los procesos de producción, en los que la URSS estaba muy rezagada respecto a los principales países industriales. Todos estos métodos de racionalización fueron ensayados extensivamente a partir de 1926, y consiguieron cierto éxito en la reducción de costes. Pero en un país como la URSS, con escasos recursos de capital, su alcance era limitado. En particular, la mecanización de la industria, principal fuente de racionalización, dependía en este período principalmente de la importación de máquinas desde el exterior, y muy a menudo del empleo de personal extranjero que enseñara a manejarlas. Estas condiciones significaban que la productividad del trabajo dependía en la URSS, en mayor medida que en Occidente, de la energía física de los trabajadores. La productividad debía ser elevada ante todo mediante el trabajo físico más duro, más eficiente, mejor disciplinado; y se utilizaron todas las formas de persuasión y de presión para asegurar este resultado.

Las implicaciones de la planificación para otros sectores de la economía eran también inquietantes, y se las hizo frente con desgana. El culto del campesinado, sostenido con entusiasmo por Bujarin, era todavía poderoso en 1927; y la influencia del Narkomzem, aunque ya se estuviera desvaneciendo, todavía ponía freno a las aspiraciones de los planificadores. El Narkomfin seguía resistiéndose a la hipótesis de que se pudieran proporcionar créditos ilimitados para la expansión industrial, y llevaba adelante una lucha tenaz en favor de lo que se motejaba de «dictadura de las finanzas» contra la «dictadura de la industria». Esto planteó la cuestión de los controles «financieros», a través de la manipulación de la oferta de crédito y del sistema monetario, frente a los controles «físicos» a través de los decretos estatales, ejemplificados en las industrias pesadas que trabajaban directamente a las órdenes del Estado y en el monopolio del comercio exterior. Incluso en las mentes de los planificadores, sólo gradualmente serían reconocidos como inadecuados los instrumentos financieros y reemplazados por controles «físicos» directos. Estas controversias dependían últimamente de la actitud que se adoptase ante la economía de mercado, que era el fundamento de la NEP. Al principio se había supuesto que los planificadores trabajarían dentro de la economía de mercado. De forma penosa y lenta salieron a la luz las incompatibilidades entre la planificación y la industrialización, por una parte, y la NEP y la economía de mercado, por otra.

12. La derrota de la oposición

El período comprendido entre el XIV Congreso del partido, en diciembre de 1925, y el XV Congreso de diciembre de 1927, período que vino marcado por los comienzos de la planificación efectiva, los primeros pasos en un programa de industrialización intensiva y la maduración de la crisis de la agricultura, vio también la culminación de un duro conflicto dentro del partido, en el que Trotski desafió fieramente y sin éxito el creciente monopolio del poder por Stalin. Cuando el triunvirato se rompió y Stalin derrotó a sus rivales en el XIV Congreso, Trotski permaneció altivamente silencioso; en el pasado, Zinoviev y Kamenev habían igualado, y en ocasiones superado, la vehemencia de Stalin en sus ataques contra él. Pero cuando Zinoviev y Kamenev hicieron suya la causa de la industrialización contra la orientación campesina de Stalin y Bujarin, y cuando las ambiciones personales de Stalin se hicieron más abiertas y más amenazadoras, la neutralidad ya no fuė posible. En el verano de 1926, Trotski, Zinoviev y Kamenev, junto con sus seguidores, constituyeron la «oposición unificada»; de esta forma se presentaron en la sesión de julio del comité central del partido. Lo que vino a continuación mostró la fuerza del control de la maquinaria del partido por Stalin. En un primer momento, Trotski fue tratado con cautela. Pero Zinoviev perdió su puesto en el Politburó, y Kamenev sus cargos gubernamentales. La oposición unificada gozaba de mucha simpatía en las filas del partido. Pero sus partidarios activos sólo eran unos pocos miles; y en base a diversos pretextos se verían acosados por las autoridades.

La falta de cohesión interna y de confianza mutua se sumaba a las debilidades de la oposición, que salía a la palestra sin más línea clara que la denuncia de los dirigentes del partido. La pública retirada de las acusaciones mutuas que Trotski, Zinoviev y Kamenev se habían lanzado durante los tres años anteriores invitaba a la burla. El temperamento vacilante y la inclinación al compromiso de Zinoviev le hacían incompatible con Trotski, el cual, tras haber desechado sus anteriores inhibiciones, pedía una resuelta ofensiva contra Stalin. Apenas se había formado la oposición unificada cuando, por una desafortunada coincidencia, el *New York Times* publicó por primera vez el texto del testamento de Lenin. Aunque Trotski ciertamente no estaba en el secreto de la publicación, la suposición de que el documento había llegado a ser conocido originalmente a partir de él, o de fuentes próximas a él, no carecía de fundamento. La situación entre los dos protagonistas de la lucha llegó a su momento de mayor envenenamiento. En una acalorada sesión del Politburó, Trotski calificó a Stalin de «sepulturero de la revolución»; y el comité central del partido, reaccionando a la creciente tensión, privó a Trotski de su puesto en el Politburó. En una conferencia del partido, en octubre de 1926, y en una reunión del IKKI un mes después, Stalin atacó a Trotski con un lenguaje de creciente virulencia, desenterrando vengativamente su trayectoria anterior a 1914 de coqueteo con el menchevismo y acres disputas con Lenin. La oposición fue acusada no sólo de «fraccionalismo» —pecado condenado por el congreso del partido, celebrado en 1921—, sino también de «desviación socialdemócrata».

Stalin se conformaba todavía, sin embargo, con esperar su momento, y no llevó la cuestión a un punto de ruptura.

En la primavera de 1927 el giro de los acontecimientos en China espoleó a Trotski a hacer nuevas protestas; y en mayo la oposición hizo público un documento, redactado principalmente por Trotski, y conocido como «declaración de los 83» por el número de sus firmantes originales, que ofrecía la más completa exposición hasta entonces disponible de sus puntos de vista. Además de una incursión en los asuntos exteriores, la declaración denunciaba la política agrícola vigente por ignorar el proceso de «diferenciación» dentro del campesinado y por dar de lado al campesino pobre para reforzar al kulak. En términos generales, la declaración acusaba a los dirigentes del partido de sustituir «el análisis marxista de la situación real de la dictadura del proletariado en la URSS» por «la teoría pequeño-burguesa del socialismo en un solo país» y de favorecer a los «elementos derechistas, no proletarios y antiproletarios», dentro y fuera del partido. También pedía publicidad completa para los puntos de vista de la oposición. Este era un golpe fuerte en un momento en el que los dirigentes se habían visto gravemente sacudidos por el viraje de Chiang Kai-shek en China y por la ruptura de relaciones con Inglaterra. Un mes más tarde, bajo débiles pretextos, Trotski y Zinoviev fueron citados ante la comisión de control del partido, el órgano encargado del mantenimiento de la disciplina del partido, y amenazados con la expulsión de éste. Tras violentas disputas, la cuestión fue remitida al comité central del partido, donde la batalla continuó, interviniendo Trotski y Stalin más de una vez. El único rasgo nuevo del debate era la acusación contra Trotski de deslealtad hacia el Estado soviético frente a sus enemigos. Ahora se le motejaba no sólo de hereje, sino también de traidor («el frente unido de Chamberlain a Trotski»). Finalmente, la oposición fue inducida a firmar una declaración reafirmando su lealtad incondicional a la defensa nacional de la URSS y negando todo deseo de escindir al partido o de fundar un nuevo partido. En estos términos se dio carpetazo a la propuesta de expulsión de Trotski y Zinoviev.

Esta tregua no significaba, sin embargo, que se diera marcha atrás en la persecución de la oposición. La lucha contra Trotski fue la ocasión para la introducción o perfeccionamiento de muchos de los instrumentos de control característicos de la dictadura de Stalin. Desde los primeros ataques contra Trotski, a finales de 1924, el acceso de la oposición a la prensa se había visto severamente restringido. Zinoviev quedó amordazado cuando le arrebataron su *Leningradskaia Pravda* en enero de 1926. Ahora la prohibición se hizo absoluta. Los artículos sobre la crisis china enviados por Trotski en abril de 1927 a *Pravda* y *Bolshevik* fueron rechazados. A lo largo del verano se publicaron en la prensa, sin ningún derecho a réplica, artículos de creciente virulencia contra él y contra sus partidarios. Los mítines de la oposición eran interrumpidos y disueltos por provocadores. La oposición envió al comité central del partido una extensa «plataforma» de sus puntos de vista, una vez más redactada principalmente por Trotski, y pidió que se imprimiese y se distribuyese en preparación del congreso del partido, ahora fijado para diciembre de 1927; pero no se aceptó esta petición. Se hicieron intentos de imprimirla ilegalmente. El 12 de septiembre la OGPU descubrió la imprenta ilegal y detuvo a quienes estaban trabajando en ella. Fueron expulsados catorce miembros del partido; y Preobrazhenski, que admitió su complicidad, se sumaría a este número. La ocasión sería significativamente recordada como la primera vez que se había recurrido al poder policial de la OGPU para sofocar las disidencias en el seno del partido.

Desde este momento los acontecimientos avanzaron inexorablemente hacia su conclusión predestinada. Se organizaron mítines masivos para denunciar a la oposición y pedir la expulsión de sus dirigentes. Conocidos partidarios de la oposición fueron alejados del escenario de la acción mediante nombramientos para cargos en distantes lugares de la URSS o para puestos diplomáticos en el exterior. En una reunión del presidium del IKKI, el 29 de septiembre, Trotski realizó una intervención de dos horas contra la política de Stalin. Se aprobó entonces su exclusión del

IKKI con sólo dos votos en contra. La misma escena se repitió un mes más tarde, en medio de escenas de violencia, en el comité central del partido. El propio Stalin propuso la expulsión de Trotski y Zinoviev del comité, y así se llevó a cabo, al parecer, sin votación. En el décimo aniversario de la revolución, el 7 de noviembre, la policía de Moscú estuvo ocupada persiguiendo a Trotski y otros dirigentes de la oposición mientras recorrían la ciudad y retirando pancartas con consignas de la oposición. Zinoviev sufrió un tratamiento similar en Leningrado. Estas apariciones públicas de los dirigentes de la oposición fueron denunciadas como manifestaciones hostiles. Una semana más tarde, Trotski y Zinoviev fueron expulsados del partido por votación del comité central; y Kamenev y varios más fueron excluidos del comité.

Por consiguiente, cuando el congreso del partido se reunió, en diciembre de 1927, Trotski y Zinoviev estaban ausentes, y la ocasión constituyó una especie de anticlímax. Doce miembros de la oposición fueron destituidos del comité central del partido. Kamenev y Rakovski, que realizaron las principales intervenciones en nombre de la oposición, sufrieron frecuentes interrupciones; y sus argumentos se vieron debilitados por sus tentativas entre bastidores de aproximación conciliatoria a los dirigentes del partido, tentativas que fueron rechazadas desdeñosamente. El congreso expulsó del partido a setenta y cinco «activistas de la oposición trotsquista» y a otros quince disidentes. Trotski y Zinoviev fueron sustituidos en el Politburó por Kuibishev y Rudzutak, ambos partidarios incondicionales de la línea oficial. Pero Trotski, aunque expulsado, no había sido silenciado, y era todavía peligroso. El Politburó decidió expulsarle de Moscú junto a unos treinta de sus principales partidarios. A la mayor parte de éstos se les asignaron cargos oficiales menores en Siberia o Asia central. Trotski rehusó un nombramiento de este tipo, y fue deportado por la fuerza bajo un artículo del código penal relacionado con las actividades contrarrevolucionarias. Excepcionalmente, y porque se reconocía que no representaban un peligro, Zinoviev y Kamenev fueron desterrados a Kaluga, a sólo unos pocos cientos de kilómetros de Moscú; e incluso esta sentencia no fue mantenida rígidamente. El lugar de exilio de Trotski fue Alma Ata, una ciudad situada en los más lejanos confines del Asia central soviética, alejada incluso del ferrocarril. Allí permaneció hasta su deportación de la URSS, un año después, manteniendo una lenta pero voluminosa correspondencia con los miembros de la oposición dispersos por toda Siberia, recibiendo de tiempo en tiempo informes secretos de sus partidarios todavía en libertad en Moscú y dirigiendo a las autoridades un torrente de protestas, políticas y personales.

La derrota de la oposición unificada, y la expulsión de la única figura del partido cuya estatura le permitía rivalizar con Stalin, supuso un hito histórico. Cuando el congreso del partido de 1921 había prohibido el «fraccionalismo» y la difusión de opiniones disidentes, el objetivo era mantener la unidad del partido y la lealtad de sus miembros. La disensión en el partido acarreaba sanciones del partido, pero no constituía deslealtad al Estado. Los representantes del partido en instituciones estatales estaban obligados a seguir la línea del partido y a hablar con una única voz. Pero esta obligación no se extendía a quienes no eran representantes del partido. Hacia 1927, la distinción entre el partido y el Estado se había ido borrando progresivamente. Las urgencias económicas y políticas aumentaban la necesidad de una autoridad firme e indivisa. «La suprema tarea histórica de construcción de una sociedad socialista —declaró una resolución de la conferencia del partido, celebrada en octubre de 1926— exige imperativamente una concentración de las fuerzas del partido, el Estado y la clase obrera en las cuestiones de política económica.» Ahora se promulgaban a veces decretos conjuntos del comité central del partido y del comité ejecutivo del Congreso de los Soviets de la URSS. El poder del Estado estaba disponible tanto para ejecutar los edictos del partido como para imponer disciplina a los miembros de éste. La suprema autoridad en el partido y en el Estado se concentraba en una sola institución, el Politburó del partido; y esta autoridad era absoluta. Es significativo que la oposición, encabezada por Trotski, fuese la última en ser designada oficialmente con ese nombre; la palabra, familiar en la práctica de la democracia occidental, implicaba una oposición al partido gobernante que no era incompatible con la lealtad al Estado. En la etapa siguiente, la disidencia sería descrita como «desviación»: el lenguaje no de las diferencias políticas, sino de la herejía doctrinal. Finalmente, los grupos disidentes serían simplemente motejados de «antipartido», identificando incondicionalmente la hostilidad al partido con la hostilidad al Estado.

La eliminación de la oposición legal fue parte de un proceso que concentró y centralizó la autoridad combinada del partido y el Estado, haciéndola absoluta. Los resultados fueron quizá impremeditados, pero no por ello menos irresistibles. Las mismas fuerzas estaban en marcha en muchos campos. La libertad limitada concedida hasta entonces en la prensa y en las revistas a las expresiones de opinión independiente sobre cuestiones marginales (a veces acompañadas por reservas editoriales) desapareció ahora casi por completo, y se consiguió silenciosamente el control no por medio de la censura directa, sino mediante cambios en las direcciones y en los consejos de redacción. Los años que habían seguido a la revolución se habían caracterizado por la proliferación de escuelas literarias diferentes: unas de vanguardia, otras formalistas, algunas declaradamente proletarias. En 1925, una declaración del comité central, al parecer redactada o inspirada por Bujarin, mostraría una disposición a tolerar esta multiplicidad de enfoques de la literatura, ninguno de los cuales estaba dirigido contra el régimen, y cierta renuencia a escoger entre ellos. Entre las organizaciones literarias había una autotitulada Asociación Panrusa de Escritores Proletarios (VAPP), dominada por un ambicioso político de la literatura llamado Averbaj, que tenía buenas relaciones dentro del partido, y que desde 1926 realizó una campaña, en nombre de una «revolución cultural», para dar a la VAPP el control de toda la producción literaria y eliminar las publicaciones de las demás escuelas. Sólo en diciembre de 1928, y tras prolongada resistencia, el comité central del partido promulgó un decreto que ponía todas las publicaciones bajo el control del partido y del Estado, control que en la práctica se ejercería a través de la VAPP. Parece claro que este final no había sido planeado, y quizá ni siquiera deseado, por el comité central, y menos que nadie por Stalin. Pero la corrupción se extendía desde la cumbre. Pequeños dictadores a niveles inferiores eliminaban a sus rivales halagando y adulando a la autoridad superior e imitando sus métodos.

La tendencia al fortalecimiento y centralización de la autoridad fue especialmente notable en el campo del derecho. La administración de la ley se había reservado originalmente a las repúblicas constitutivas de la URSS, cada una de las cuales poseía sus propios tribunales y su propio Comisariado del Pueblo para la Justicia. Pero la constitución de la URSS de 1923 introdujo un Tribunal Supremo de la URSS con poder de decisión sobre las cuestiones legales que le sometieran los Tribunales Supremos de las repúblicas; y el Tribunal Supremo nombraba un procurador, cuya función era supervisar la administración de la ley en toda la URSS. La constitución también introdujo una Administración Política Unificada del Estado (OGPU) —heredera de la primitiva Cheka, cuyo nombre seguiría llevando a menudo en el habla popular— para controlar las GPU de las repúblicas, que ahora se convertían en agencias locales de un poderoso órgano central. Si bien cada república tenía su propio código penal (sirviendo en la práctica el código de la RSFSR como modelo para los demás), la URSS promulgó, en 1924, un conjunto de «fundamentos de legislación penal» que reservaban para la exclusiva competencia de la URSS los «crímenes de Estado», también descritos como «crímenes contrarrevolucionarios», y los crímenes que amenazasen «el orden administrativo». Se dio instrucciones a las repúblicas para que pusiesen sus códigos penales de acuerdo con estos «fundamentos». Evidentemente, la tarea fue emprendida con renuencia. No se completaría hasta mediados de 1927 en el caso de la RSFSR, y algo más tarde en el de las demás repúblicas.

La centralización de la autoridad vino acompañada por una gradual modificación de las actitudes vigentes hacia el derecho. La concepción marxista del derecho como instrumento de la dominación de clase, destinado finalmente a extinguirse junto con el Estado, y mientras tanto a ser administrado con especial indulgencia hacia los obreros y campesinos, fue silenciosamente abandonada. Las prácticas mercantiles de la NEP exigían el desarrollo y estricta aplicación del derecho civil. El mantenimiento de la ley y el orden, bajo la etiqueta de «legalidad revolucionaria», se convirtió en un objetivo fundamental. Se desvaneció el hincapié inicial en los aspectos reformativos, por encima de los punitivos, de la política penal. Estos cambios reflejaban la creciente tensión económica y política. Algunos acontecimientos como el asesinato del representante soviético en Varsovia, en junio de 1927, y la explosión de una bomba en Leningrado pocos días después, motivaron un fuerte clamor contra los monárquicos, los provocadores y los agentes de gobiernos extranjeros; y la exigencia de lo que oficialmente se llamó «medidas de defensa social» incrementó automáticamente el prestigio y los poderes de la OGPU. El décimo aniversario de la creación de la Cheka fue entusiásticamente celebrado en diciembre de 1927, pocas semanas después del décimo aniversario de la revolución. En marzo de 1928, una instrucción «sobre política penal y régimen de los lugares de confinamiento» abrió el camino para la extensión de la hasta entonces limitada red de «campos de concentración» para delincuentes políticos bajo la administración de la OGPU, y prescribió las más duras medidas de represión para los «disidentes y criminales profesionales y reincidentes». El año 1928, que siguió a la derrota de la oposición y estuvo marcado por las crecientes presiones de la industrialización, fue testigo en toda la sociedad soviética de la imposición desde arriba de una autoridad poderosa y despótica, de una rígida ortodoxia de opinión y de los más duros castigos para aquellos que se enfrentaban contra ellas.

13. El dilema de la agricultura

La experiencia de la cosecha de 1925 (véase la p. 107 *supra)* mostraba que el problema al que se enfrentaban los planificadores de la política agrícola no era sólo aumentar la producción, sino también llevar el producto al mercado; y esto apuntaba ominosamente al poder del campesino acomodado y del kulak. Sin embargo, la crisis de comercialización había sido remontada, y prevalecía el optimismo. La cosecha sin precedentes de 1926 potenció este clima de optimismo. Tras la recolección, muchos campesinos tenían amplios recursos, y vendieron grano. La escasez en el mercado del año anterior no se repitió, y los precios fueron moderados. Un rasgo de la recaudación de grano fue la creciente participación de las cooperativas comerciales agrícolas, que, aunque financiadas y controladas por el Estado, resultaron ser más populares y eficientes que las agencias estatales de compra. El feliz resultado de estas operaciones contribuyó a causar el desconcierto de la oposición en la conferencia del partido de octubre de 1926; la crisis predicha por la oposición no había tenido lugar. También estimuló a los dirigentes del partido a reforzar los programas de industrialización y a no tomar en cuenta las consecuencias futuras para el mercado campesino de esta presión.

En medio de las crisis exteriores atravesadas por la URSS en 1927 y del primer momento de entusiasmo por la planificación, a la agricultura no se le prestó mucha atención. La cosecha, aunque inferior a la de 1926, fue satisfactoria, y se dio por supuesto que la recaudación de grano se llevaría a cabo nuevamente sin problemas. Esta confianza no tenía base. El ambiente había cambiado desde el año anterior. La preocupación por la situación internacional y los rumores de guerra e invasión se habían extendido al campo. Tras dos buenas cosechas, los campesinos se encontraban en una situación mucho más desahogada que en cualquier otro momento tras la revolución. El campesino acomodado tenía reservas tanto de grano como de dinero. La oferta de bienes industriales que podía llegar a querer comprar era todavía escasa. De nuevo la moneda estaba siendo erosionada por la inflación; y en una situación de incertidumbre y alarma, el grano era la más segura reserva de valor. Aquellos campesinos que tenían existencias no encontraban incentivos para llevarlas al mercado. La recaudación de grano en el otoño de 1927, que debería haber sido la mejor época, fue menos de la mitad de la de 1926. Pero si el campesino acomodado se negó a colaborar, también hubo provocaciones del lado contrario. Desde su formación en el verano de 1926, la oposición unificada había venido denunciando la política de tolerancia hacia los kulaks; y en octubre de 1927 el comité central del partido, para no quedarse atrás, llamó a «una ofensiva renovada contra los kulaks». Lo que sucedió en el otoño de 1927, aunque quizá en un primer momento ninguno de los dos bandos advirtió plenamente su importancia, fue una declaración de guerra entre las autoridades y los campesinos acomodados que poseían las grandes reservas de grano disponibles en el campo.

En el congreso del partido, celebrado en diciembre de 1927, prevaleció una atmósfera de falsa seguridad. En el momento culminante de la lucha contra la oposición, habría sido inoportuno admitir que el país estaba atravesando una grave crisis. Molotov se lamentó de que «en la práctica las ventajas de la producción en gran escala favorecen al campesino acomodado y al kulak». Pero Stalin subrayó suavemente que «la solución es unir de forma gradual, pero sin retrocesos, las pequeñas y muy pequeñas parcelas campesinas, no mediante presiones, sino mediante el ejemplo y la persuasión, en grandes explotaciones basadas en el cultivo colectivo, común, cooperativo, de la tierra»; y en la resolución del congreso, aunque se declaraba que «la unificación y conversión de las tenencias campesinas independientes en grandes colectivos» era «la tarea fundamental del partido en el campo», se añadía que esto sólo se podía hacer con el consentimiento de los «campesinos trabajadores». En el congreso se dijeron cosas duras sobre los kulaks. Pero la resolución no fue más allá de recomendar mayores y más progresivos impuestos sobre los campesinos acomodados. No parecía haber pendiente ninguna urgencia inmediata. Pero nada más acabado el congreso, la naturaleza mortal de la amenaza contra los suministros de alimentos a las ciudades y las fábricas fue proclamada a través de una serie de decretos y medidas de urgencia. Se dieron pasos —demasiado tarde— para acelerar el suministro de textiles a los mercados campesinos. Se envió a miembros dirigentes del partido a recorrer las principales regiones productoras de grano para supervisar e imponer la recaudación de grano. Stalin hizo un recorrido de tres semanas por los principales centros de la Siberia occidental, donde se creía que había grandes existencias.

Se aplicaron ampliamente lo que se llamó «medidas extraordinarias». Se recurrió a un artículo del código penal que imponía la pena de confiscación para la ocultación de grano. La propaganda y la persuasión se turnaban con la compulsión directa. La situación era desesperada. Por las buenas o por las malas, se indujo a quienes retenían grano a entregarlo a los órganos de recaudación; se llegaría a reconocer que no todos los poseedores de grano recalcitrantes eran kulaks, y muchos de los llamados «campesinos medios» fueron obligados también a soltar sus reservas. Estos procedimientos no se distinguían demasiado de las requisas totales de los días del comunismo de guerra. Entre enero y marzo de 1928 se obtuvieron cantidades muy grandes de grano, y en marzo, Rikov anunció que la crisis del grano había sido «borrada de la agenda». La primera batalla del grano había sido ganada por el gobierno, pero en condiciones que prometían que la guerra continuaría, y que en ella se lucharía con extremo encarnizamiento. Por una parte, los campesinos acomodados habían sido tratados de forma áspera y a menudo brutal. Por otra, en las ciudades habían aparecido colas del pan; y se había tenido que gastar la escasa moneda extranjera, gravemente necesaria para financiar la industrialización, en importaciones de grano para hacer frente a la escasez. No se podía encontrar ninguna respuesta fácil o aceptable a la pregunta de quién debería pagar la escasez de grano.

La dureza de las «medidas extraordinarias» sacudió y dividió al partido. Muchos trabajadores conservaban todavía estrechos lazos con el campo, y sabían muy bien lo que se había hecho. Se dijo que el descontento se extendía a las filas del Ejército Rojo, compuesto de forma predominante por campesinos. Rikov fue, al parecer, el primero de los dirigentes del partido que expresó su inquietud, pero pronto se le unieron Bujarin, principal abogado de la conciliación con el campesinado durante el período de la NEP, y Tomski, que se sentía ahora seriamente perturbado por las presiones que la industrialización imponía a los trabajadores y a los sindicatos. En una sesión crucial del comité central del partido, en julio de 1928, se trazó la divisoria entre quienes deseaban disminuir la presión sobre el campesinado, incluso al precio de hacer más lento el ritmo de la industrialización, y quienes daban prioridad incondicional a la industrialización, por más severas que fueran las medidas de coerción impuestas al campesinado. Bujarin habló de «una ola de descontento» y de «estallidos» en el campo, y de «un regreso al comunismo de guerra». Stalin se manifestó contemporizador, admitió que se habían producido excesos, y expresó la creencia de que éstos se evitarían en las siguientes recogidas de grano. Se concedió cierto aumento de los precios agrícolas. La resolución condenaba «las violaciones de la legalidad revolucionaria» y «la frecuente aplicación de métodos de requisa». Se trataba de un compromiso sin contenido. No quedaba ninguna duda de que el aparato del partido, con Stalin, Molotov y Kuibishev a su cabeza, estaba ahora firmemente comprometido en la industrialización a ultranza, y de que se tomarían todas las medidas necesarias para asegurar el suministro de alimentos a las ciudades y a los trabajadores.

La experiencia de la recaudación de grano en el otoño de 1928 repitió la del año anterior en mayor escala. El volumen de la cosecha total se mantuvo. Pero las cosechas esenciales para el consumo humano, las de trigo y centeno, disminuyeron. Las autoridades eran más conscientes que antes de la crítica situación, poseían mayor determinación y eran más implacables. La organización había mejorado; se había creado un nuevo órgano central, el Soiuzjleb, para controlar la recaudación. Las existencias de reservas en manos de los campesinos habían mermado como consecuencia de las incursiones de la primavera de 1928. Los campesinos estaban mejor preparados para una nueva embestida y eran más expertos en la ocultación de lo que poseían. Lo que es aún más importante, la escasez reapareció en las ciudades y provocó una expansión del mercado negro. Los comerciantes privados viajaban a lo largo y a lo ancho de las zonas rurales, ofreciendo por el grano precios muy por encima de los oficiales, cuyo incremento había sido modesto. Ambas partes se lanzaron ferozmente a la batalla. Una vez más se invocaron pretextos legales para justificar las confiscaciones. Se hicieron frecuentes las represalias por delitos reales o imaginarios. En los Urales y en Siberia se estableció un sistema por el que el soviet o asamblea de cada pueblo era inducido a acordar una cuota para el pueblo, cuota que luego era impuesta a los campesinos acomodados bajo amenaza de severos castigos. Este sistema, apodado «método uralsiberiano» de recaudación de grano, fue extendido subsiguientemente a otras regiones, y constituyó un poderoso instrumento de coerción. Se informó de desórdenes y manifestaciones masivas contra las recaudaciones de grano. Al parecer, se permitió mayor libertad a las autoridades locales para realizar recaudaciones de grano «descentralizadas» para el suministro a las ciudades dentro de la región, por lo que una comparación con las cifras del año anterior puede inducir a error. Pero en 1928-1929 los órganos centrales de recaudación sólo reunieron 8,3 millones de toneladas de grano, frente a 10,3 millones en 1927-1928; y en ese total se incluían solamente 5,3 millones de toneladas de trigo y centeno, frente a 8,2 millones en 1927-1928. Lo cierto era que nadie entregaba grano a las agencias oficiales salvo bajo cierto grado de coerción o temor.

La situación se convirtió rápidamente en desesperada. El pan era el artículo principal, tanto en la dieta del campesino como en la del obrero industrial; Moscú, con una población inferior a las dos quintas partes de la de Berlín, consumía más pan. Con el progreso de la industrialización, la población urbana estaba creciendo rápidamente. En el invierno de 1927-1928 las colas del pan se hicieron familiares en las ciudades; y escaseaban la mantequilla, la leche y el queso. Los almacenes estatales de grano quedaron vacíos. El déficit se compensó mediante la importación de grano, la mezcla de cebada y maíz con el trigo y el centeno al hacer el pan, las moliendas gruesas, el racionamiento del pan en las grandes ciudades y el recurso al mercado negro. Las limitaciones impuestas al comerciante privado en las ciudades no eran operativas en el campo. Incluso los intentos de introducir en su contra discriminaciones en servicios como el almacenamiento y el transporte resultaron, en gran medida, ineficaces. Del grano comercializado de la cosecha de 1928, un 23 por 100 lo fue por comerciantes privados. En julio de 1928 el comité central del partido, frente a esta nueva competencia y a las demandas de la nueva oposición «de derecha» dentro del partido, decidió conceder un aumento de los precios oficiales del grano. Los precios pagados por el grano por las agencias oficiales de recaudación en 1928-1929 fueron un 20 por 100 más altos aproximadamente que en el año anterior. Pero los precios subieron más rápidamente en el mercado negro. Se calculó que los precios de los productos agrícolas en el comercio privado, que en 1927-1928 habían superado a los precios oficiales en un 40 por 100 aproximadamente, fueron casi el doble de los precios oficiales al año siguiente. Este cálculo puede muy bien haber sido demasiado bajo. La escasez era ahora crónica. Se introdujeron cartillas de pan en Leningrado en noviembre de 1928, y en Moscú en marzo de 1929; contra estas cartillas se entregaba pan en la medida en que lo permitían los suministros disponibles. No se entregaron cartillas a los no trabajadores, a los que se dejó a merced del mercado privado. Todos tenían que apretarse los cinturones. Tampoco había ninguna seguridad en el futuro. Se había venido abajo la creencia, sobre la que se había basado la NEP, de que se podía alimentar a las ciudades mediante un sistema combinado de entregas voluntarias al Estado y de venta libre en el mercado.

El dilema trajo a la superficie una cuestión fundamental que hasta entonces había permanecido escondida tras la superficie de la política cotidiana. El mantenimiento de pequeñas posesiones campesinas individuales, a menudo divididas en parcelas ampliamente diseminadas, y en las que se practicaba la antigua rotación trienal, era abiertamente incompatible con una agricultura eficiente. Incluso en una economía campesina primitiva, tanto el sentido común como la doctrina socialista imponían algún grado de cooperación entre los cultivadores de la tierra. En la Rusia prerrevolucionaria, esta cooperación se había producido en la mayor parte del país a dos niveles. La más pequeña unidad de producción no era la individual, sino la familiar o *dvor*. De tamaño variable, había correspondido a menudo en el pasado a una familia «ampliada», que comprendía más de una generación y a veces se completaba por adopción. En la mayor parte de Rusia un grupo de *dvors* formaba una comunidad de la tierra (*mir* u *obshchina*) que regulaba cuestiones de interés común como los pastos, la rotación de cultivos, los riegos, los cercados y la construcción de carreteras, y en la mayor parte de los casos redistribuía periódicamente la tierra para tener en cuenta la cambiante composición de los *dvors*.

Tras la revolución, los *dvors* aumentaron en número pero disminuyeron de tamaño, a causa de la frecuente división de las unidades familiares. Se decía que esto se debía al mayor deseo de independencia de la joven generación, y en especial de las mujeres, que al casarse exigían el establecimiento de una propiedad familiar aparte. Pero la tradicional autoridad del *mir,* fortalecida por la desaparición del terrateniente y el debilitamiento del *dvor,* aumentó; a menudo rivalizaba con éxito con los nuevos soviets de los pueblos. La actitud oficial ante el *mir* era ambivalente e incoherente. Por una parte, el *mir* se resistía generalmente a los intentos de cambiar viejas prácticas agrícolas, como la rotación trienal o la tenencia en parcelas de la tierra. A veces se decía que el campesino emprendedor, o el kulak, dominaba a los otros campesinos en el *mir* para ventaja propia. Otras veces abandonaba el *mir,* llevándose su parte de tierra, y creaba una unidad de cultivo independiente. En todas estas formas, el *mir* perpetuaba tradiciones del pasado que la revolución quería erradicar. Por otra parte, el *mir* era con mucho la más efectiva institución de acción colectiva existente en una comunidad campesina. Los *narodniks* como Herzen veían en el *mir* un escalón hacia el socialismo; y se podía citar que Marx (aunque su comentario, muy poco definitivo, se refería a un período ahora remoto) había contemplado la posibilidad de que, en caso de «una revolución obrera en Occidente», el *mir* ruso pudiera servir como «punto de partida para el desarrollo comunista». Durante los años veinte se debatió mucho en Moscú el estatuto del *mir.* Pero no se hizo ningún intento de interferirlo inmediatamente, y por ello sobreviviría más o menos intocado hasta el momento de la colectivización. El poder del partido y del gobierno en el campo era todavía extremadamente débil.

Las formas de organización destinadas a promover el cultivo colectivo fueron principalmente creación del período soviético. Las cooperativas agrícolas habían proliferado antes de la revolución, y seguían existiendo, pero se ocupaban de la comercialización colectiva, de la obtención de crédito y de la compra de maquinaria, antes que de la producción colectiva. Las granjas colectivas *(koljozi)* y las granjas soviéticas *(sovjozi)*, que databan de los días del comunismo de guerra (véanse pp. 37-38 *supra*), decayeron durante la NEP. Se decía que ocupaban menos del 2 por 100 del total de la tierra en la URSS, y durante varios años recibieron poco apoyo de las autoridades. Muchos *koljozi* sobrevivían como cooperativas informales, con una gran pérdida de importancia del principio cooperativo. Muchos *sovjozi* se habían hecho famosos por su ineficiencia. Las crisis del grano de mediados los años veinte condujeron a una renovación del interés por ambas instituciones. La gran unidad colectiva era más adecuada para producir excedentes para el mercado que el campesino individual que trabajaba primariamente para las necesidades de su familia y las suyas propias, y resultaba más susceptible a los estímulos y presiones de las recaudaciones de grano. La multiplicación de las pequeñas posesiones campesinas tras la revolución había agravado la escasez. Mientras Bujarin y sus discípulos todavía ponían su fe en las cooperativas agrícolas de comercialización, y esperaban que éstas se desarrollarían gradualmente hasta llegar al cultivo colectivo, la política oficial comenzó a orientarse hacia un renacimiento de los *koljozi*. En 1926 se creó una organización central, el Koljoztsentr. Comenzó un movimiento para crear nuevos *koljozi*, que se multiplicaron rápidamente a partir de la mitad de 1927. Estos eran menores que los *koljozi* del período del comunismo de guerra; y la práctica del trabajo colectivo entre sus miembros no estaba muy extendida. Pero constituían un intento significativo de superar el tradicional conservadurismo de las masas campesinas, así como la oposición interesada de los prósperos kulaks.

Los *sovjozi* se rezagaron respecto a los *koljozi;* su renacimiento no comenzó hasta 1927, y estuvo vinculado con el proceso a veces designado con la consigna de la «industrialización de la agricultura». La sustitución de los primitivos aperos del campesino ruso tradicional (ejemplificados en el arado de madera, que podía hacer él mismo) incluso por las más simples máquinas y herramientas había sido reconocida desde mucho antes como una necesidad clamorosa, y se habían hecho intentos de satisfacerla mediante cooperativas de crédito agrícola y un banco agrícola financiado por el Estado. De forma más ambiciosa, Lenin había proclamado que para convertir a los campesinos al comunismo se requerían «cien mil tractores de primera clase». A comienzos de los años veinte, las fábricas Putilov de Leningrado habían construido unos pocos tractores siguiendo un modelo norteamericano; y a partir de 1923 se importaron varios cientos de tractores de Estados Unidos. En 1925 se discutió por primera vez un plan para la construcción de una gran fábrica de tractores en Stalingrado; pasarían tres años antes de que fuera finalmente aprobado y se comenzara a trabajar en él. La propaganda oficial subrayaba el papel deseado de los *sovjozi* como granjas modelo, que no sólo debían ofrecer el ejemplo de los modernos métodos de cultivo a las propiedades de los campesinos de los alrededores, sino también proporcionarles tractores y otra maquinaria agrícola. Estos ideales estaban lejos de ser cumplidos. Sin embargo, resultaba cada vez más evidente que, si se quería hacer más eficiente la agricultura mediante el uso de tractores y maquinaria compleja, el trabajo debía realizarse en unidades mayores que la propiedad campesina individual. Pese a las exhortaciones del partido, se habían hecho pocos avances en la mecanización o en la colectivización. Esta sería la tarea del siguiente período.

14. Los crecientes esfuerzos en favor de la industrialización

A lo largo de 1927 progresó sin interrupción dentro del partido la opinión favorable a una rápida industrialización y al plan quinquenal, aunque todavía se oían reacciones hostiles o escépticas, y no se encaraban o comprendían todas las consecuencias de estas ambiciosas metas. La expulsión de la oposición del congreso del partido celebrado en diciembre de 1927 despejó el terreno, al hacer posible silenciar las críticas y adoptar sin excesivo embarazo medidas políticas que la oposición había preconizado en el pasado. Las crisis en la recaudación de grano que siguieron al congreso aceleraron el proceso. La primera condición para la industrialización era que los campesinos suministraran el alimento necesario para las ciudades y fábricas, a precios que no supusieran una presión intolerable sobre los niveles salariales, y sin desviar más que un mínimo de los recursos de la industria a la fabricación de bienes de consumo para el mercado campesino. Estos problemas habían enrevesado las recaudaciones de grano tras la cosecha de 1927, y a primera vista parecían insolubles. El éxito de la operación de los primeros meses de 1928 fue interpretado en el sentido de mostrar que, con una suficiente aplicación de fuerza, la coerción sobre el campesinado era tan practicable como indispensable. El campesino, el factor recalcitrante en una economía socialista planificada, había sido domesticado. Durante el año 1928 se superaron gradualmente las inhibiciones, y la industrialización se llevó adelante de forma inexorable. El camino estaba abierto. Para forzar el ritmo sólo se requería una voluntad de hierro para remontar los obstáculos, mediante los mismos métodos coercitivos si era necesario. En el proceso se manifestarían a la vez una determinación heroica y una brutalidad insensible.

Las tensiones creadas por la industrialización forzada llegaban mucho más allá del mundo campesino. La revolución había instalado nuevos hombres en las posiciones de poder. Pero no había tenido tiempo para criar y educar a una nueva generación de funcionarios, científicos, gerentes de industria, ingenieros y técnicos de todo tipo, cuyos servicios eran indispensables para cualquier régimen; y estos servicios todavía eran realizados principalmente por los mismos hombres que los habían desempeñado durante el gobierno del último zar y el Gobierno Provisional. El grupo de funcionarios y expertos que manejaban los Comisariados del Pueblo y otras instituciones soviéticas incluía también un número considerable de antiguos mencheviques y socialistas revolucionarios: los primeros predominaban en el Gosplan y el Narkomfin, y los segundos en el Narkomzem. La mayor parte de estos servidores del régimen ajenos al partido, que se habían reconciliado con los principios de la NEP, sentían profundo disgusto y desconfianza ante las nuevas medidas políticas, aconsejaban en contra de ellas y no mostraban ninguna prisa —a veces, quizá, ofrecían resistencia pasiva— en ponerlas en práctica. De esto a las sospechas de una conspiración para sabotear tales medidas políticas, sospechas ampliamente alimentadas en los círculos del partido, sólo había un paso. La completa exclusión de los funcionarios y expertos ajenos al partido de las posiciones de influencia en el Narkomfin y el Narkomzem, los dos comisariados que ofrecieron la resistencia más tenaz a la industrialización forzada, comenzó en la primavera de 1928. El episodio más sensacional tuvo lugar en marzo, cuando 55 ingenieros y administradores empleados en las minas de carbón de la cuenca del Don fueron detenidos, acusados de sabotaje supuestamente organizado desde el exterior. Tras un masivo proceso público, en el que muchos de los acusados realizaron confesiones, se pronunciaron once sentencias de muerte, cinco de las cuales fueron ejecutadas. Otros acusados recibieron largas sentencias de prisión. Tres ingenieros alemanes acusados inicialmente de complicidad resultaron absueltos. El proceso fijó las pautas para futuras denuncias desmesuradas y procesos teatrales. Pero por el momento las autoridades dieron cierta marcha atrás a la sospecha y la hostilidad contra los «especialistas» de origen burgués imprescindibles para el mantenimiento y expansión de la industria, e hicieron numerosos pronunciamientos tranquilizadores. El entrenamiento de obreros como ingenieros especializados se llevaba a cabo lentamente; y el empleo en las grandes obras de construcción de ingenieros extranjeros, al principio sobre todo alemanes, y después norteamericanos, fue una característica de este período.

La gestión no era el único elemento de la industria sometido a presión creciente. Si la primera condición de la industrialización, aunque todavía no explicitada, era que el campesino entregara su grano a las ciudades a cambio de un modesto ingreso, la segunda, abiertamente confesada, era que la productividad de los trabajadores creciera más rápidamente que sus salarios, de forma que la expansión industrial pudiera ser financiada en parte a partir de las ganancias de la propia industria: una alternativa a la explotación desenfrenada del campesinado. Tal había sido el fin principal de las campañas de 1926 y 1927 en pro del «régimen de ahorro» y la «racionalización de la producción»; y esto, en condiciones en que otras formas de racionalización estaban limitadas por la escasez de capital y recursos técnicos, significaba sobre todo elevar la productividad mediante una mayor intensidad física del trabajo (véanse las pp. 140-150 *supra*). Se lanzó en todos los frentes la campaña para aumentar la eficiencia del trabajador. Se decía que la ebriedad, el absentismo y la simulación de enfermedad eran características de los campesinos llevados a la industria desde el campo antes que de los verdaderos proletarios; pero parecen haber estado demasiado generalizados para ser reducidos mediante amenazas de despido instantáneo. Junto a las escuelas de fábrica en las que se combinaba la formación profesional con el adoctrinamiento partidario, el Instituto Central del Trabajo estableció escuelas en las que los jóvenes obreros recibían instrucción intensiva en las modernas técnicas fabriles. Los críticos condenaban estas técnicas, como Lenin había criticado en una ocasión el «taylorismo» (véase la p. 40 *supra*), por tratar al trabajador como «un apéndice de la máquina, no un creador de producción». No se desdeñaron otras formas de estímulo. Se fomentaba la llamada «emulación socialista» entre fábricas o grupos de obreros mediante la propaganda y el ofrecimiento de premios. El título de «Héroe del Trabajo», que conllevaba ciertos privilegios, fue concedido a trabajadores especialmente meritorios, y se creó la Orden de la Bandera Roja del Trabajo para premiar a las fábricas, empresas industriales o colectivos obreros. Para celebrar el décimo aniversario de la revolución, en las fábricas y minas de varias partes de la URSS se llevaron a cabo «sábados comunistas», imitando a los instituidos por Lenin en 1919: horas extras sin paga.

Una idea que se intentó llevar a la práctica en esta época es significativa de la intensa presión aplicada sobre los trabajadores. En vísperas del décimo aniversario de la revolución, en noviembre de 1927, las autoridades anunciaron que se planeaba pasar a la jornada laboral de siete horas. Este proyecto, celebrado como una gran conquista de la revolución, fue denunciado por la oposición como un intento demagógico de adormecer a los trabajadores en la inactividad con la visión insustancial de un remoto futuro. Pero pronto se hizo evidente que el fin buscado era otro. Para garantizar la máxima utilización de las plantas y de la maquinaria, en algunas fábricas ya trabajaban dos turnos en veinticuatro horas. Se pretendía ahora que se trabajasen tres turnos continuos de siete horas, dejando sólo un mínimo de tres horas para la limpieza y el mantenimiento. El sistema de tres turnos no gustó a los directivos ni a los trabajadores, y sólo se introdujo en principio en las fábricas textiles, que empleaban casi exclusivamente mujeres, la categoría peor pagada. Incidentalmente, esto implicaba un total abandono de la prohibición del trabajo nocturno de la mujer, introducida en los primeros días idealistas de la revolución, pero más quebrantada que observada durante mucho tiempo. Durante los dos años siguientes hubo declaraciones periódicas a favor de la extensión del sistema de tres turnos a toda la industria. Pero la resistencia a las tensiones y presiones que implicaba esta medida era fuerte. Se advirtió que, donde se había introducido el sistema, la productividad del trabajo empleado declinaba progresivamente a lo largo del período de trabajo; y no parece haber sido adoptado nunca con amplitud fuera de la industria textil.

Los salarios, sin embargo, siguieron siendo el aspecto central de la relación del obrero industrial con el patrono y el Estado. Bajo la NEP, los salarios se habían fijado en principio por acuerdo entre el trabajador y el patrono, normalmente mediante un contrato colectivo entre el sindicato y la empresa o institución concernida. El principio no se veía afectado por el reconocimiento por ambas partes de un vínculo entre productividad y salarios, que se incluía por escrito en los contratos. Lo que cambió radicalmente la situación a partir de 1926 fue la aceptación de la importancia primordial de la planificación. El coste de los salarios era un elemento de la economía demasiado vital para ser excluido de los cálculos de los planificadores, o para verse sujeto a oscilaciones determinadas por causas extrañas. Tras muchas discusiones entre los sindicatos y el Vesenja, en las que ambas partes afirmaban reconocer la compatibilidad de la planificación con la contratación colectiva, la determinación de los salarios quedó sujeta en la práctica a dos procesos distintos. En primer lugar, la autoridad suprema —generalmente el mismo Politburó— fijaba el fondo salarial total para el año siguiente (en un período inflacionario era inevitable cierto aumento en términos monetarios), y determinaba qué incrementos debían concederse a qué industrias. Así no sólo fijaba los límites de los pagos salariales que debían preverse en el plan, sino que también decidía qué industrias serían estimuladas a expandirse. La segunda etapa era la conclusión de contratos colectivos, cuyos firmantes podían ser el comité central del sindicato y la industria en su conjunto, o comités locales del sindicato y empresas particulares. Pero, desde el momento en que los salarios debían mantenerse dentro de límites ya fijados, quedaba poca libertad de negociación; y era más probable que la discusión de los contratos colectivos girara en torno a las condiciones de trabajo o las «normas» de producción.

La limitación original del destajo había desaparecido hacía mucho tiempo; y, donde el destajo era inaplicable, las primas a la productividad representaban una parte regular de los salarios. Estos procedimientos, que eran parte esencial de la campaña para vincular los salarios a la productividad, requerían la constante fijación de «normas», o sueldos correspondientes al trabajo. Cuando en el otoño de 1926 se concedió un aumento general de salarios, el Vesenja comenzó a hacer propaganda en favor de una revisión de las normas. Esta podía justificarse en parte por las medidas de racionalización y mecanización, que aumentaban la productividad sin imponer tensiones adicionales al trabajador. Pero más a menudo la elevación de las normas era simplemente una forma de bajar los salarios. La controversia entre el Vesenja y los sindicatos se mantuvo con gran fuerza a lo largo de 1927, pero terminó con el reconocimiento de la necesidad de una revisión general de las normas. Las estadísticas salariales correspondientes a este período son dispersas, complejas y a veces inducen a error. Bajo condiciones de inflación, unos pagos monetarios constantes o incluso incrementados enmascaran un declive de los salarios reales. Es seguro que, mientras los salarios reales de los obreros crecieron, de forma lenta pero continua, entre 1923 y 1927, durante varios años a partir de 1928 los salarios reales cayeron, y los obreros, al igual que los demás sectores de la sociedad, se vieron sometidos a las duras presiones de la industrialización y constreñidos por la mano de hierro de la economía planificada.

El papel de los sindicatos había sido un tema de controversia durante los primeros años del régimen. El compromiso de la NEP había rechazado la «militarización del trabajo» y mantenido a los sindicatos en una situación de independencia formal del Estado. Esta independencia resultaría, sin embargo, ilusoria. Bajo la NEP, las «palancas de mando» de la industria estaban firmemente en manos del Estado; y era impensable que los sindicatos, todavía ostensiblemente diferenciados del partido, pero enteramente controlados por los bolcheviques, se enfrentaran a los intereses y a la política del Estado obrero. La primera erosión de la independencia de los sindicatos vino con su compromiso de elevar la productividad. Esto les obligaba a responsabilizarse del mantenimiento de la disciplina laboral, y a prevenir «métodos anarquistas» como huelgas y paros. Una huelga era considerada como una prueba del fracaso de los sindicatos para ejercer la debida vigilancia y atender a las necesidades de los trabajadores. Pero ya no podían apoyar incondicionalmente las demandas a corto plazo de los obreros; su papel era más bien el de servir de mediadores, en los debates de alto nivel dentro del partido, entre estas demandas y las necesidades a largo plazo de la industria estatal. A nivel de fábrica, el control estaba en manos del «triángulo» formado por los representantes de los sindicatos, de la gerencia y del partido. Pero, cuando estos dos últimos estaban de acuerdo, el representante del sindicato se encontraba en una posición débil; y por ello se acusaba en ocasiones a los sindicatos de sucumbir a una «desviación gerencial».

Además, con la rápida expansión de la fuerza de trabajo y del número de miembros de los sindicatos, el mismo carácter de éstos sufrió un cambio sutil. La hipótesis de que la mayor parte de los trabajadores fabriles eran proletarios con conciencia de clase, con un buen puñado de trabajadores activos del partido, estaba rápidamente dejando de ser cierta. Muchos obreros políticamente activos habían sido promovidos a cargos administrativos o funcionariales. Muchas incorporaciones nuevas a la industria correspondían a campesinos recién llegados del campo, que tenían que aprender todo sobre doctrina del partido y la práctica sindical. En esta época se hizo mucho hincapié en el papel educativo de los sindicatos. Pero otra consecuencia fue un rápido aumento de la autoridad de los dirigentes, representados por el consejo central de los sindicatos, sobre los miembros de base.

El compromiso de la NEP se mantuvo con dificultades crecientes entre 1922 y 1928, años en los que Tomski fue el dirigente indiscutido de los sindicatos. Fue un período de recuperación económica, algunos de cuyos beneficios, con ayuda de los sindicatos, correspondieron a los trabajadores. Pero la llegada de la planificación condujo inexorablemente a la plena integración de los sindicatos en el aparato del Estado. La organización y remuneración del trabajo eran un elemento importante de cualquier plan económico. En esta época, el Narkomtrud se había convertido en un auxiliar de los sindicatos. Era el consejo central de los sindicatos quien tomaba el lugar del Narkomtrud en las discusiones políticas importantes, junto a los órganos económicos responsables de los restantes elementos del plan. Pero todos ellos estaban sujetos a la suprema autoridad del Politburó, y ejecutaban sus decisiones; a mediados de los años veinte, los altos funcionarios sindicales eran casi invariablemente miembros del partido sometidos directamente a la disciplina del partido. Con el paso del tiempo, sin embargo, Tomski y muchos de sus colegas fueron impacientándose cada vez más ante las presiones impuestas a los trabajadores industriales por el plan, y ante el abandono de tradiciones sindicales respetadas durante largo tiempo. No es del todo paradójico que los sindicatos se opusieran a las políticas de expansión industrial vigentes. Cuando el comité central del partido se reunió en julio de 1928, Tomski se unió a Bujarin y

Rikov para formar la minoría de tres miembros del Politburó que trató de reducir el ritmo de la industrialización.

La inversión rápidamente creciente en la industria, y ante todo en la industria pesada, aumentó la demanda de productos agrícolas e industriales de los que existía un suministro insuficiente. La crisis de las tijeras de 1923 demostraba que no era posible dejar que las condiciones de intercambio fueran reguladas por el libre juego del mercado. Se aprendió la lección, y el control de precios se convirtió en una medida permanente. El control de los precios agrícolas se ejercía en teoría a través de la compra oficial de los productos agrícolas a precios fijos. Pero a partir del invierno de 1927-1928, a precios oficiales sólo se obtenían de los productores cantidades insuficientes de grano, en buena medida mediante métodos coercitivos, que debían complementarse mediante compras en el mercado privado a precios más altos. El control de los precios industriales era más efectivo, pero presentaba problemas de gran complejidad. Desde 1926, en medio de las crecientes presiones de la industrialización, la política de precios fue un tema de constante controversia. Al estar ahora en manos del Estado todas las grandes industrias, el control de los precios al por mayor de los productos industriales era bastante sencillo. Desde la crisis de las tijeras, la política de mantener bajos los precios de los productos industriales para conservar el vínculo con el campesinado había estado firmemente unida a la doctrina del partido. En 1926 y 1927 la oposición propuso elevar los precios al por mayor, y aumentar así la rentabilidad de la industria estatal; pero estas propuestas fueron rechazadas con indignación como prueba de la falta de atención al campesinado por parte de la oposición. Las sucesivas variantes del plan quinquenal se basaron en estimaciones de precios reducidos para los bienes industriales.

El control de los precios al por mayor no se veía acompañado, sin embargo, de un control igualmente efectivo de los precios al detalle; y con frecuencia se señalaría que un régimen de precios al por mayor estrictamente controlados combinado con precios al por menor flotantes se limitaba a abrir más las llamadas «tijeras de los precios al por mayor y al por menor», aumentando las inconvenientes ganancias de los intermediarios. Desde 1924 se habían fijado los precios al por menor de un número creciente de mercancías corrientes (véase la página 82 *supra*). Estos precios, aceptados bastante a regañadientes por los comercios y organizaciones de ventas del Estado y de las cooperativas, eran teóricamente obligatorios para los comerciantes privados. Su imposición era difícil y desigual. Pero las medidas policiales, y una vigorosa propaganda contra los impopulares hombres de la NEP, tuvieron más éxito en las ciudades que en el campo en la restricción del comercio privado. Los precios se fijaron sin tener en cuenta la escasez o la disponibilidad de suministros. Un decreto de 1926 pidió «una reducción de los precios al por menor de los productos de la industria estatal de suministro escaso». Durante 1927 se introdujeron una serie de órdenes y decretos prescribiendo una reducción del 10 por 100 en los precios al por menor vigentes el 1 de enero de las mercancías corrientes; y, aunque no se alcanzó este ambicioso objetivo, en el curso del año algunos precios bajaron, y muchos hombres de la NEP fueron expulsados de los negocios.

Los resultados de estas reducciones resultaron en la práctica casi totalmente ilusorios. No aumentaron la capacidad real del campesino o del obrero industrial para comprar bienes industriales, ya que vinieron acompañados de una escasez de oferta ya crónica, tanto en la ciudad como en el campo. Los niveles de los precios ya no eran un indicador significativo de la situación económica. El año 1927 vio el comienzo de un declive progresivo y prolongado del nivel de vida, como consecuencia de las presiones de la industrialización y de la absorción de los recursos disponibles por el desarrollo planificado de la industria pesada. Aunque la disparidad entre los precios oficiales y los precios en el mercado negro no era tan extrema en los productos industriales como en los agrícolas, esto suponía poca ventaja para el consumidor, pues la escasez de bienes de consumo era tan severa como la escasez de alimentos. El consumidor de cualquier categoría estaba llamado a soportar una pesada parte de la carga de la industrialización. El precipitado avance de la industria, concentrado primariamente no en la producción de bienes de consumo, sino en la de medios de producción, impuso crecientes tensiones al campesino, al obrero y a todos los aspectos de la economía. La disposición de quienes llevaron la carga más pesada parece haber sido más de apatía y de resignación que de resistencia activa. Pero los industrializadores seguían creyendo apasionadamente que el objetivo valía la pena, y que su costo podía ser sobrellevado voluntariamente o ser impuesto a los renuentes.

En 1928 la duda comenzó a penetrar en el propio Politburó. La división de opiniones que se produjo en la reunión del comité central celebrada en julio de 1928 (véanse las pp. 164-165 *supra*) giró en apariencia sobre la política agrícola y la presión sobre el campesinado. Pero la cuestión subyacente era el ritmo de la industrialización, que determinaba esta política. Lo significativo es la ruptura aparecida en el comité entre una mayoría del Politburó comprometida en la industrialización forzada y una minoría disidente, formada por Rikov, Bujarin y Tomski, que buscaba disminuir la presión global haciendo el ritmo más lento. Bujarin expuso sus puntos de vista a finales de septiembre, en un importante artículo publicado en *Pravda* y titulado «Notas de un economista». Partiendo de la crisis del grano, lanzaba un ataque en toda regla contra los planes de industrialización vigentes, que destruían el equilibrio entre la agricultura y la industria, y el vínculo con el campesinado establecido por la NEP. La inversión en la industria estaba siendo absurda e incongruentemente acelerada frente a una escasez material no sólo de grano, sino de productos industriales de todo tipo. Se debía permitir que la agricultura se recuperara, y desarrollar la industria «sobre la base que proporcionaría una agricultura en rápido crecimiento». Bujarin daba a entender que aceptaba la extensión ya alcanzada por la industrialización. Pero las tensiones eran ya intolerables, y el ritmo ya no debía ser acelerado más. Terminaba criticando la «loca presión» prevista en los borradores que circulaban del plan quinquenal.

Las «Notas de un economista», último pronunciamiento público de oposición al precipitado curso de la industrialización, y último combate de retirada en defensa de la NEP, fue ferozmente atacado tanto por los economistas oficiales como por Trotski y sus partidarios. La prioridad de la agricultura ya no era un tema aceptable. Bujarin, que partió en este momento de vacaciones al Cáucaso, regresó a tiempo para una sesión crucial del comité central del partido celebrada en noviembre. Bajo la dirección de Kuibishev, el Vesenja seguía pidiendo inversiones de capital cada vez mayores en la industria. La llamada a «alcanzar y sobrepasar» a Occidente ya había sido lanzada por los industrializadores. Stalin recogió el tema en un importante discurso al comité. Sostuvo que el avance de la tecnología «simplemente se había disparado» en los países capitalistas avanzados: «o lo conseguimos nosotros o nos destruirán». Citó a Pedro el Grande, cuya febril construcción de fábricas para responder a las necesidades de la defensa había sido «un intento de salir del marco del atraso». El retraso de la economía soviética, en especial de su sector agrícola, y el aislamiento de la URSS, convertían esto en «cuestión de vida o muerte para nuestro desarrollo». El comité aprobó una cifra de 1.650 millones de rublos para la inversión en la industria durante el año. Bujarin ofreció una débil resistencia, presentó su dimisión y luego la retiró, no se atrevió a pedir una votación, y finalmente participó en la redacción de la resolución. Su derrota quedó enmascarada bajo una apariencia de acuerdo y reconciliación, pero no por eso fue menos inequívoca. La victoria de la industrialización se vio sellada por la conclusión del primer plan quinquenal y su presentación al Congreso de los Soviets de la Unión en mayo de 1929.

15. El primer plan quinquenal

El período transcurrido desde la publicación de las primeras cifras de control del Gosplan, en agosto de 1925, hasta la aprobación del primer plan quinquenal, en mayo de 1929, fue un período de avance ininterrumpido en los principios y la práctica de la planificación. Aproximadamente a la mitad del mismo, el centro de atención pasó de las cifras de control anuales al plan quinquenal, que conllevaba una resuelta revisión de la política económica soviética y de las perspectivas de desarrollo económico a largo plazo. Algunas declaraciones esporádicas del partido fueron exponiendo los objetivos del plan. El XIV Congreso, celebrado en diciembre de 1925, proclamó como objetivo la «autosuficiencia económica», que significaba transformar a la URSS «de un país que importa maquinaria y equipo en un país que produce maquinaria y equipo». En el otoño siguiente, una conferencia del partido llamó a «la reconstrucción de la economía sobre la base de tecnología nueva y más avanzada». El principio de otorgar prioridad a los medios de producción sobre los bienes de consumo era desafiado de vez en cuando por quienes trataban de hacer más lento el ritmo de la industrialización; y en 1927-1928 la producción de bienes de consumo se amplió para satisfacer las necesidades del mercado campesino. Pero se trató de una respuesta temporal a una situación de urgencia. La conferencia del partido de abril de 1929, que aprobó finalmente el plan, puso en primer lugar en la lista de sus objetivos «el máximo desarrollo de la producción de medios de producción como fundamento para la industrialización del país».

El primer borrador de plan quinquenal preparado por el Gosplan en marzo de 1926 se refería principalmente a la industria estatal, único sector de la economía controlado hasta aquel momento por los planificadores. En él se preveían crecimientos anuales de la producción industrial que iban desde un 40 por 100 en el primer año, cuando todavía se podía aprovechar la capacidad no utilizada, hasta el 15 por 100 en el quinto año: lo que se llamaba un crecimiento según una «curva de atenuación». La inversión en la industria debía crecer desde 750 millones de rublos en el primer año a 1.200 millones en el quinto. El borrador atrajo poca atención a alto nivel, y fue considerado todavía más como un ejercicio teórico que como un conjunto de propuestas prácticas. El segundo borrador del Gosplan, redactado un año después, fue un documento mucho más detallado y sofisticado, que dedicaba capítulos distintos a los diferentes sectores de la economía. Sus estimaciones del crecimiento industrial eran mucho más modestas que las de su predecesor; y la previsión de que la fuerza de trabajo industrial crecería en un millón de obreros durante los años de vigencia del plan se reducía en más de la mitad. Por otra parte, sus demandas de inversiones crecientes en la industria apuntaban algo más alto. Se proporcionarían fondos adicionales para la expansión de la industria mediante una reducción de los costes de producción conseguida gracias al incremento de la productividad del trabajo; y se esperaban grandes resultados de la campaña de reducción de los precios puesta en marcha por las autoridades. La planificación se había convertido entonces en una cuestión crucial, y el borrador de marzo de 1927 provocó intensa controversia. En el Gosplan, el cauteloso ex menchevique Groman se enfrentó con el economista bolchevique Strumilin, principal inspirador del borrador. Este fue atacado por los economistas del Narkomzem y el Narkomfin como una peligrosa fantasía, y por Kuibishev en el Vesenja por ser excesivamente tímido. La oposición, cogida de improviso por el brusco giro de la línea oficial hacia la industrialización, se limitó a acusar que la conversión a la planificación llegaba demasiado tarde para ser efectiva.

Desde este momento la presión para elevar los objetivos del plan fue continua. La oposición, en su plataforma de septiembre de 1927 (véase la p. 155 *supra*), condenó las propuestas del Gosplan como míseramente insuficientes e inadecuadas; ya un año antes, en la discusión de las cifras de control en la Academia Comunista, los portavoces de la oposición superaron a los del Gosplan y el Vesenja en la exigencia de una tasa más alta de industrialización. En octubre de 1927 el Gosplan produjo un tercer borrador de plan que, para conciliar con los renuentes y con los optimistas, ofrecía cifras «básicas» y «máximas»; estas últimas representaban un avance sustancial, tanto en la producción industrial como en la inversión, respecto a las estimaciones del segundo borrador. El Vesenja tomó entonces el relevo, y presentó estimaciones muy superiores a las del Gosplan; y esto condujo una vez más al Gosplan a revisar sus estimaciones al alza. Por entonces se detuvo el avance ante las vacilaciones de los dirigentes del partido. En medio de la crisis provocada por la lucha contra Trotski y la oposición, habría sido embarazoso ceder abiertamente ante su demanda de una industrialización más rápida; y no era conveniente presionar demasiado en cuestiones en las que existían diferencias de opinión inconfesadas entre los dirigentes. Cuando el comité central del partido se reunió a finales de octubre para aprobar las «Directrices para la redacción del plan quinquenal» que deberían ser sometidas al próximo congreso del partido, el texto, aunque rebosante de un entusiasmo sin límites hacia la planificación, traicionaba una notable renuencia a tomar posiciones en ninguno de los problemas polémicos planteados. Se debía alcanzar un equilibrio entre «los intereses de la acumulación» y «la economía campesina», entre la industria pesada y la ligera; se descartaba una «transferencia *máxima* de recursos» de ésta a aquélla por ser «una violación del equilibrio del sistema económico en su conjunto». Una «tasa máxima de acumulación» en el año en curso no era necesariamente una garantía del más rápido desarrollo a largo plazo. No se intentaba en absoluto formular un veredicto sobre las variantes del Gosplan o del Vesenja. En esta sesión fue en la que se expulsó a Trotski y a Zinoviev del comité (véase la página 156 *supra*). Los pocos portavoces restantes de la oposición atacaron estas vagas «directrices» que no contenían una sola cifra. Pero fueron interrumpidos y abucheados por la mayoría.

El congreso del partido, celebrado en diciembre de 1927, subrayó la importancia del plan quinquenal dedicándole siete sesiones. Bujarin, cuya llamada en el precedente congreso de 1925 en favor de una «industrialización a paso de tortuga» fue recordada con crueldad por un delegado, no intervino. Se alzaron unas pocas voces escépticas, pero quedaron sumergidas por el entusiasmo general ante el principio de la planificación. Algunos partidarios ardientes de la industrialización criticaron la timidez del Gosplan, y elogiaron al Vesenja como corredor aventajado en la competición. Los dirigentes del partido, sin embargo, se mostraron contenidos, especialmente en sus referencias a la agricultura (véase la p. 162 *supra*). El congreso aceptó de buen grado las cautas «directrices» redactadas unas pocas semanas antes por el comité central del partido, y no hizo ningún intento por traducir en términos estadísticos el entusiasmo a favor del plan. La principal tarea del congreso era derrotar y expulsar a la oposición. No se permitió que ninguna cuestión polémica dañara la unanimidad de la mayoría del partido para llevar a cabo dicha tarea. La única decisión positiva que se tomó fue preparar el plan con tiempo para presentarlo al siguiente Congreso de los Soviets de la Unión, en la primavera de 1929.

Una vez que la oposición quedó aplastada, y que sus dirigentes se vieron obligados a abandonar Moscú y quedaron dispersos, desaparecieron las inhibiciones que habían contenido a los altos dirigentes del partido. El cambio de clima se reflejó en la dureza de las «medidas extraordinarias» aplicadas en la recaudación de grano en los primeros meses de 1928. Hasta entonces, la principal fuerza impulsora del plan quinquenal había provenido aparentemente de figuras secundarias del partido instaladas en el Gosplan y el Vesenja, que trataban de convencer a los dirigentes de la viabilidad de sus ambiciosos proyectos; Stalin en particular había mantenido su papel favorito de mediador entre dos extremos. Desde aquel momento quedaba claro que el peso del partido estaba a favor de toda revisión al alza de las estimaciones; la fuerza impulsora venía ahora del Politburó y del propio Stalin. A lo largo de 1928, con este nuevo ímpetu y a niveles superiores, se mantuvo el patrón anterior de rivalidad entre el Gosplan y el Vesenja por fijar objetivos cada vez más altos. Al mismo tiempo los planes se hicieron más específicos, tratando de cubrir cada sector de la economía, cada industria y cada región. Los cálculos se fueron alejando progresivamente de cualquier base «genética», y se convirtieron cada vez en mayor medida en expresión de la voluntad y determinación de avanzar. En el debate se entrelazaban la política y la economía, y las decisiones finales fueron más políticas que económicas. La derrota de Bujarin y la condena de sus «Notas de un economista» en el otoño de 1929 pusieron de manifiesto que la cautela sería tratada desde entonces como síntoma de una desviación de derecha. Tras una prolongada discusión entre el Gosplan y el Vesenja, la redacción del plan se completó en marzo de 1929. Ofrecía estimaciones «básicas» y «óptimas» tanto de la producción industrial durante los cinco años del plan (de 1928-1929 a 1932-1933) como de la tasa de inversión en la industria. En la variante óptima, la «curva de atenuación» en la tasa de crecimiento de la producción había desaparecido; la tasa de incremento anual debía subir progresivamente desde un 21,4 por 100 en el primer año a un 23,8 en el quinto. La inversión en la industria, planificada en 1.650 millones de rublos para el primer año, debía llegar en el quinto año a casi el doble (variante básica) o a más del doble (variante óptima). Si bien los economistas que redactaron el plan parecen haber pensado en la variante básica como límite de las expectativas razonables, y en la óptima como una posibilidad remota, el Politburó adoptó resueltamente una resolución aprobando el plan «en su variante óptima» como «plenamente correspondiente a las directrices del XV Congreso del partido».

El plan fue aprobado finalmente por una conferencia ampliada del partido, a finales de abril de 1929. Rikov, aunque ahora asociado a los desviacionistas de derecha, presentó uno de los tres informes a la conferencia a favor del plan. Pero su prudente valoración fue comparada desfavorablemente con el elocuente entusiasmo de Krzhizhanovski, presidente del Gosplan, y la fría y fáctica determinación de Kuibishev, presidente del Vesenja. El plan se publicó pocos días después de la conferencia, en tres grandes volúmenes; a causa sin duda de la falta de tiempo para introducir correcciones, todavía contenía las dos variantes aprobadas por el Gosplan en marzo, aunque la variante básica había quedado ya superada. El plan constituía una impresionante revisión global de la economía en su conjunto. Algunas de sus estimaciones resultarían enormemente exageradas en su optimismo, especialmente cuando un año después se elevaron nuevamente los objetivos y se tomó la decisión de completar el plan quinquenal en cuatro años. Pero el plan dio un poderoso impulso a ambiciosos proyectos para el desarrollo de la industria pesada; y se puede afirmar que, sin la gran oleada de optimismo que provocó, estos resultados no habrían podido ser obtenidos. El plan quinquenal se convirtió en el eje en torno al que giraba toda la economía.

El Gosplan era el heredero del Goelro, el organismo creado para llevar a la práctica el plan de electrificación de Lenin; una de sus palabras clave seguía siendo *energetika* (energía). Era adecuado, y no una simple coincidencia, que el más famoso proyecto promovido por el Gosplan, y ejecutado como parte fundamental del primer plan quinquenal, fuera la construcción en el río Dniéper de una gran presa y una central hidroeléctrica, conocidas como Dnieprostroi. En el verano de 1926, Cooper, el ingeniero norteamericano que había construido la presa del valle del Tennessee, aceptó una invitación para visitar el lugar, expresó entusiasmo por sus potencialidades, y finalmente aceptó supervisar la construcción. El proyecto se financiaría a cargo del presupuesto soviético; Cooper fue empleado como asesor y consejero, no como contratista. Pero el proyecto requería un generoso uso de tecnología y equipamiento norteamericanos, así como el reclutamiento de un pequeño ejército de ingenieros del mismo país. También implicaba la creación de nuevas industrias y fábricas que utilizaran la energía eléctrica generada por el proyecto. Se suministraría energía a las minas del bajo Don, y a nuevas y grandes fábricas de hierro y acero, así como a fábricas de aluminio, de acero de alta calidad y de aleaciones de hierro, que formarían un vasto complejo industrial de nueva creación para la producción de medios de producción. Se construyeron dos nuevas ciudades: Zaporozhie y Dniepropetrovsk. Hasta 1934 no estaría en pleno funcionamiento la presa y las fábricas planeadas para consumir su producción.

Dnieprostroi fijó el patrón para muchos de los ambiciosos proyectos iniciados bajo el primer plan quinquenal. La séptima parte de la inversión industrial total bajo el plan se dedicó a la producción de hierro y acero, aunque parte de ella se usó para modernizar las fábricas y plantas ya existentes. El desarrollo de la industria automovilística atrajo mucha publicidad. Antes de la revolución no se producían automóviles en Rusia; los primeros comienzos se hicieron en dos o tres fábricas de maquinaria, que sacaron un puñado de coches a mediados de los años veinte. En 1927, en medio del entusiasmo generado por el plan, se autorizó la primera fábrica soviética de automóviles, una pequeña empresa cerca de Moscú con una producción proyectada de 10.000 coches anuales. En 1929 se firmó un acuerdo con la Ford de Detroit para la construcción en Nizhni-Novgorod de una fábrica de automóviles con una producción anual planeada de 200.000 vehículos, que se debería alcanzar en diez años. En un primer momento se puso el acento en los coches para uso personal. Después se dio prioridad a la producción de camiones para uso industrial. Como corolario del crecimiento de la industria automovilística surgió un programa de construcción de carreteras. Un desarrollo paralelo, pero separado, fue la producción de tractores. La producción planeada de la fábrica de tractores de Stalingrado (véase la p. 170 *supra*), varias veces incrementada mientras se llevaban a cabo las obras, se fijó en la redacción final del plan quinquenal en 50.000 tractores anuales. Cuando comenzó a producir, en 1930, ya habían sido autorizadas otras dos fábricas. A partir de 1928, los tractores desempeñaron un papel crucial en los programas para la modernización y la colectivización de la economía campesina. Fueron la principal contribución del plan quinquenal a la promoción de la producción agrícola.

La industria de armamentos rara vez fue mencionada en las discusiones públicas del plan quinquenal. Tras la guerra civil, el Ejército Rojo entró en decadencia durante varios años. Pero en 1926 se dieron pasos para fortalecerlo y reequiparlo; y tras el pánico bélico de la primavera de 1927, el reconocimiento de la base industrial del poder militar hizo del plan quinquenal, con su acento en la industria pesada, una cuestión de interés militar. Los acuerdos militares secretos con Alemania debieron suponer un estímulo; y se habló de la existencia de un plan quinquenal aparte y secreto para las industrias de guerra. La industria aeronáutica abrió el camino, seguida de la producción de tanques. Se dio mucha importancia al desarrollo de una moderna industria química, que serviría a necesidades tanto militares como agrícolas, y cuyos protagonistas consideraban que desempeñarían un papel comparable al de la electricidad en la modernización de la economía.

Una empresa que ya estaba de hecho en marcha antes del comienzo del plan y que, a diferencia de otros grandes proyectos, no dependía de materiales y equipamiento importados ni de asesores técnicos extranjeros, era la construcción del ferrocarril Turksib que uniría el Asia central y el Kazajstán con Siberia occidental. Asia central era una zona rica productora de algodón, pero sus comunicaciones eran malas; y la apertura de una nueva salida para su algodón en rama estaba destinada a hacer a la URSS independiente de las importaciones desde el exterior. Por otra parte, la cosecha de alimentos en Asia central era insuficiente, y no se producía madera; el nuevo ferrocarril haría posible el suministro de grano y madera procedentes directamente de las áreas productoras de Siberia, aliviando así la presión sobre los suministros procedentes de la Rusia europea. Los ingenieros rusos tenían amplia experiencia en la construcción de ferrocarriles. Era fácil obtener asignaciones del presupuesto; y la construcción de 1.500 kilómetros de vía a través de terreno difícil se llevó a cabo sin grandes dificultades. La línea se abrió al tráfico regular el 1 de enero de 1931.

Un problema importante de la planificación, que se discutía continuamente y que en ocasiones retrasó la toma de decisiones vitales, era la localización de las nuevas industrias. La cuestión giraba en cierta medida en torno a las ventajas prácticas relativas de los diferentes emplazamientos. Pero el problema principal derivaba de las rivalidades locales. La cuestión alcanzó especial relieve en la industria del hierro y el acero, en parte porque ésta absorbía una proporción tan importante de las inversiones del plan, y en parte porque los ucranianos se batieron a fondo para conservar la posición predominante en la producción de hierro y acero que habían alcanzado desde la década de 1890, sobre todo a causa de la proximidad de grandes yacimientos de carbón. Su pretensión se vio contestada por una numerosa escuela de «orientalistas», que querían revivir la antes floreciente industria ferrosiderúrgica de los Urales, y establecer nuevos centros de producción en Siberia. En 1927 se discutieron e investigaron varios proyectos rivales. El primero y de planificación más avanzada era un nuevo gran complejo ferrosiderúrgico en Krivoi Rog, en Ucrania. El segundo era un proyecto de comparables dimensiones en Magnitogorsk, en los Urales. Este debería obtener sus suministros de carbón desde la cuenca del Kuznetsk, 2.000 kilómetros más al Este, donde se proponía la creación de una tercera extensa fábrica de hierro y acero. Además, se planeaba una gran fábrica de maquinaria en Sverdlovsk, en los Urales, y otro complejo ferrosiderúrgico más en Zaporozhie, en las proximidades de la presa del Dniéper. Pero el proyecto de Krivoi Rog se pospuso hasta el fin del primer plan quinquenal; y los aumentos progresivos de la inversión planeada durante 1928 supusieron fundamentalmente una victoria para la ambición de los «orientalistas» de extender el poder y la actividad soviéticos hacia los espacios vacíos de Siberia, desarrollando y poblando estas regiones subutilizadas. El pánico bélico de 1927 había intensificado poderosamente la ansiedad de los planificadores por situar los futuros centros de la industria vital soviética en áreas menos vulnerables que Ucrania.

Aunque el impulso a la industrialización era el núcleo central del plan, éste era un plan para la economía en su conjunto, y no podía ser menos. El obstáculo principal y bien conocido en el camino de los planificadores era la agricultura. Como observó Rikov en una ocasión, el plan estaba «a merced de un chaparrón»; y la elección de un período de cinco años para la planificación se justificó con el argumento de que dentro de este período se compensarían las buenas y malas cosechas, y por tanto serían válidos los cálculos basados en un promedio. Pero un obstáculo mayor incluso era el carácter impredecible de la conducta del campesino. La familia campesina en su pequeña propiedad, ampliamente autosuficiente a un nivel tradicionalmente bajo de subsistencia, podía aislarse de la economía nacional y frustrar los cálculos de los planificadores. A las autoridades, a mediados de los años veinte, les preocupaba el problema de recaudar el grano y llevarlo a las ciudades y las fábricas tanto como el problema de producirlo. Por consiguiente, el impacto del plan sobre el campesinado era doble. Por una parte intentaba poner la producción de la agricultura campesina dentro del alcance de sus pronósticos y directrices. Pero también trataba de reemplazar los primitivos métodos de cultivo hasta entonces en uso, mediante el suministro de maquinaria y herramientas modernas. Los tractores eran simplemente la herramienta más avanzada y ambiciosa que la industria podía proporcionar para promover un cultivo más eficiente de la tierra. La producción de medios de producción para la agricultura podía parecer una parte insignificante del programa de industrialización, pero la producción de la agricultura era la base de todo el plan. En el congreso del partido celebrado en diciembre de 1927, un destacado funcionario del partido pidió un incremento de un 30-40 por 100 en la producción de grano en los primeros cinco años, y de un 100 por 100 en diez años; en el plan quinquenal aparecería finalmente una cifra del 35 por 100.

Las exigencias de la industrialización hicieron que la concepción de las finanzas estatales como criterio de viabilidad de la política económica resultara anticuada. Desde la estabilización de la nueva moneda en 1924, el Narkomfin había sido responsable de la preparación no sólo del presupuesto anual que controlaba el gasto del Estado, sino también del plan trimestral de créditos que regulaba la oferta crediticia a través de los bancos y el ritmo de emisión de moneda. Al convertirse la industrialización en objetivo permanente, estos elementos vitales de la economía no podían eludir la atención de los planificadores. Quedó claro que la restricción del crédito, que habría sido necesaria para mantener una moneda internacionalmente estable basada en el oro, era incompatible con la expansión de la industria. La elección no era dudosa. Ya en 1925, con un presupuesto estrictamente equilibrado, la expansión del crédito para la industria y el consiguiente incremento de la emisión de moneda debilitaron la confianza en el chervonet, cuya paridad en oro no se pudo seguir manteniendo. En el verano de 1926 se prohibieron los tratos en chervonets con el extranjero, así como su exportación, convirtiéndose así esta moneda desde ese momento en un medio de intercambio puramente interno, sujeto a las manipulaciones que requirieran los intereses de la economía. Este abandono del patrón oro tras menos de dos años fue un golpe al prestigio soviético, y los crecientes síntomas de inflación causaron alarma. Por un año más el Narkomfin consiguió mantener cierto control sobre el crédito. Pero las presiones para acelerar el ritmo de la industrialización crecían continuamente, y resultaba totalmente inaceptable mantenerlo limitado por la camisa de fuerza crediticia impuesta por el Narkomfin.

Antes del fin de 1927, la batalla había sido ganada por los planificadores, y las tradicionales medidas de control financiero quedaron superadas. Se estableció que el presupuesto del Estado estaría vinculado a las cifras de control del Gosplan; y el presupuesto, junto con los niveles de emisión de crédito y moneda, se convirtió en parte efectiva del plan quinquenal. Las operaciones financieras quedaron sometidas a la disciplina del plan; y se proporcionaría crédito a los proyectos industriales aprobados por el Vesenja y el Gosplan pese a las predicciones del Narkomfin sobre sus consecuencias inflacionarias. El clima era de ilimitada confianza. Las más audaces expectativas parecían haber sido sobrepasadas. La inversión en la industria a gran escala bajo el control del Vesenja sumó en 1927-1928 los 1.300 millones de rublos, con un aumento de más del 20 por 100 sobre el año anterior; y al parecer, la producción industrial planificada por el Vesenja aumentó en más del 25 por 100. Cuando en el otoño de 1928 comenzaron a tomar forma definitiva los contornos del primer plan quinquenal, se proyectó para 1928-1929 una inversión de 1.650 millones de rublos. En octubre de 1928 fue nombrado vicepresidente del Banco del Estado Piatakov, un «superindustrializador», antiguo miembro de la oposición que se había retractado; a comienzos de 1929 se convirtió en presidente. El nombramiento era significativo de una determinación de expandir el crédito a cualesquiera límites que pudieran ser necesarios para financiar la producción industrial. El total de la inversión de capital en la industria se fijaría mediante discusiones entre el Gosplan, el Vesenja y las altas autoridades del partido. La provisión de fondos para satisfacer esta demanda era una cuestión administrativa. Si bien el plan se expresaba en términos de finanzas estatales, el Narkomfin se convirtió en la práctica en un departamento de obtención de fondos que ya no controlaba el gasto.

Las fuentes ortodoxas de financiación para el desarrollo industrial fueron exploradas apremiantemente. Los impuestos directos —el impuesto industrial sobre el sector privado, el impuesto agrícola y el impuesto sobre el ingreso— casi se duplicaron en términos monetarios entre 1926 y 1929. Pero los impuestos indirectos eran más importantes. Los impuestos sobre el consumo, que crecieron a más del doble en este período, representaban un tercio del total de los ingresos fiscales. Los impuestos sobre los artículos de consumo común recaían sobre los más pobres; y los cuantiosos ingresos procedentes del monopolio del vodka turbaban algunas conciencias en el partido. Pero no era fácil encontrar fuentes alternativas de ingresos. A partir de 1927 se emitieron una serie de empréstitos del Estado, cuya suscripción, pese a las afirmaciones oficiales en sentido contrario, pronto adquirió un carácter casi compulsivo. Por estos procedimientos el Narkomfin consiguió presentar cada año un presupuesto equilibrado. Una financiación deficitaria habría sido considerada inadmisible. Pero tras esta fachada convencional, las finanzas habían sido destronadas de su papel regulador, y el Banco del Estado introducía en la economía créditos adicionales. El dinero se convirtió de forma gradual en un simple medio de intercambio y una unidad contable, como anticipo del tiempo en que debería desaparecer totalmente en la futura sociedad comunista. Pero aparte de las asignaciones presupuestarias y de los créditos del Banco del Estado, se suponía que los fondos para la inversión en la industria debían obtenerse de las ganancias de la propia industria. En vista de la exigencia prioritaria de que se mantuvieran los precios bajos, la única forma de conseguir fondos era reducir los costos de la producción. Tal había sido el objetivo permanente de las campañas en favor del «régimen de ahorro», de la racionalización y del incremento de la productividad del trabajo (véanse las pp. 148-151 *supra*). Las estimaciones de la productividad habían sido elevadas en cada versión sucesiva del plan quinquenal; y el incremento planificado era mayor en el sector de bienes de capital que en la industria en su conjunto. El plan, tal como se adoptó finalmente, en su variante óptima, preveía un incremento de la productividad durante el período del plan del 110 por 100, y una reducción de los costes del 35 por 100. Ofrecía al trabajador la perspectiva de una subida de los salarios reales de un 47 por 100, y de una reducción de los precios al por menor del 23 por 100. Pero estas estimaciones no parecen haber estado basadas en un análisis realista del problema, sino en el deseo de hacer el plan estadísticamente coherente, y eran más indicadoras de la inmensa presión impuesta por el plan sobre los trabajadores que de ninguna perspectiva de su cumplimiento.

La adopción del primer plan quinquenal marcó un hito en la historia soviética. La esencia de la NEP había sido conceder cierta libertad a la economía campesina. Habría sido impolítico anunciar su muerte. Stalin sostuvo que la NEP, si bien había introducido «*cierta* libertad para el comercio privado», también había asegurado «el papel del Estado como controlador del mercado». El propósito de la NEP era «garantizar la victoria del socialismo». Se negó oficialmente que la NEP hubiera sido abrogada. Seguía existiendo un mercado libre para los productos de la industria privada en pequeña escala, y sobre todo para los productos agrícolas. Pero la subordinación de todas las principales actividades económicas a los dictados del plan y las presiones cada vez más duras sobre el campesinado hacían de estas supervivencias de la NEP algo a la vez anómalo y precario. Se las toleraba en la medida en que era conveniente tolerarlas, pero parecían de poca importancia. La proporción del sector privado en la renta nacional, que había superado el 50 por 100 en 1926-1927, cayó a dimensiones insignificantes hacia el final del plan quinquenal. El prestigio del plan y de la URSS, como protagonista de la planificación, se vio realzado por la crisis económica que estalló en el mundo capitalista en el otoño de 1929. Se extendió ampliamente —y no sólo en la URSS— la idea de que se cumplía la predicción marxista sobre el colapso del orden capitalista bajo el peso de sus contradicciones intrínsecas. La inmunidad de la URSS ante algunos de los peores síntomas de la crisis —en especial el desempleo masivo— potenció una creciente creencia en que ninguna economía nacional debía ser dejada ya a merced de las leyes de hierro del mercado. El plan quinquenal soviético, aunque no se hubieran estudiado o comprendido suficientemente las condiciones de su adopción y funcionamiento, parecía proporcionar un modelo precursor. La exigencia de que se introdujera un elemento de planificación en las economías de los países capitalistas se generalizó e influyó sustancialmente en las actitudes occidentales hacia la URSS.

16. La colectivización del campesino

La aguda ansiedad por la crisis del grano en la primavera de 1929 se vio velada por complacientes profesiones de fe en el futuro. Sobre la base de las siembras de primavera se predecía una buena cosecha. Los *koljozi* y *sovjozi* prometían un mayor rendimiento, y una mayor proporción de la cosecha podría ser comercializada. Se introdujo un nuevo procedimiento para la recaudación de grano. Se fijaron de antemano altas cuotas para las entregas de las diferentes regiones a las agencias de recaudación. Se fijaron cuotas a los distritos y a los pueblos, y dentro de los pueblos se presionaba sobre los kulaks para que cargaran con el peso principal de la cuota. Cuando la cosecha de 1929 estuvo en marcha, desde Moscú, Leningrado y los centros provinciales se enviaron brigadas de funcionarios y miembros del partido, obreros y sindicalistas, para que supervisaran y estimularan la recaudación. Sobre el número de personas envueltas en estas operaciones sólo se puede hacer hipótesis. Pero el territorio era vasto, y las estimaciones que oscilan entre las 100.000 y las 200.000 no carecen de plausibilidad. Los campesinos —no sólo los kulaks, sino cualquier campesino que tuviese grano que pudiera ser considerado un excedente respecto a sus propias necesidades— reaccionaron ante la campaña con elaboradas medidas de ocultación y frenéticos esfuerzos por vender en el mercado negro. La ocultación era un delito penal, y la distinción entre «comercio» —legal— y «especulación» —ilegal— no estaba clara. Se aplicaron represalias con amplitud y de forma arbitraria. No cumplir las cuotas era ya un delito castigable. Se multó, se condenó a prisión o simplemente se expulsó de los pueblos a kulaks y a supuestos kulaks, y se produjeron escenas de violencia y brutalidad. Gracias a estos procedimientos se cumplieron las cuotas, y en ocasiones se sobrepasaron. Pero estos resultados se obtuvieron en condiciones de abierta hostilidad entre las autoridades y los campesinos, entre la ciudad y el campo. Se decía que en ocasiones los campesinos pobres aplaudían las medidas tomadas contra los kulaks. Pero en general prevaleció la solidaridad entre los campesinos, y los kulaks y los campesinos actuaron de acuerdo para frustrar la recaudación. Las expectativas del partido de extender la guerra de clases al campo se vieron defraudadas.

Fue en estas condiciones poco propicias en las que se presionó insistentemente en favor de una organización colectiva de la agricultura no ya como una perspectiva distante, sino como una solución a las dificultades del momento. Desde hacía mucho tiempo se había visto en el tractor la clave de la colectivización. En el otoño de 1927, el gran *sovjoz* de Shevchenko, en Ucrania, logró adquirir 60 ó 70 tractores, que fueron organizados en columnas de tractores para trabajar sus propios campos y los de los *koljozi* y propiedades campesinas de los alrededores. El ejemplo fue imitado en otras partes, y en 1928 se estableció en Shevchenko la primera estación de tractores, con un parque de tractores que podían ser alquilados por los *koljozi* y *sovjozi* de la región. En junio de 1929 se creó en Moscú una oficina central, el Traktortsentr, para organizar y controlar una red estatal de estaciones de tractores. Los prejuicios campesinos contra la innovación, y quizá contra el grado de intervención estatal que ésta implicaba, eran difíciles de superar. Los tractores eran denunciados en ocasiones como obra del Anticristo. Sin embargo, el éxito del experimento parece haberse visto limitado principalmente por el suministro de tractores; en el otoño de 1929 tan sólo se disponía en toda la URSS de 35.000, en su mayor parte de fabricación norteamericana. Allí donde llegó, el tractor fue un poderoso agente de colectivización.

El renacimiento de los *koljozi* a partir de 1927 condujo primero a una proliferación de *koljozi* pequeños y poco organizados, cuya actuación no era satisfactoria. A mediados de 1928 se puso en marcha una campaña en favor de los *koljozi* «extensos» definidos como *koljozi* con un área sembrada de 2.000 hectáreas, suficientemente grande para ser trabajada con tractores. Pero en ese momento los *koljozi* fueron dejados atrás por los *sovjozi*. En la reunión del comité central del partido, de julio de 1928, Stalin llamó a la creación de *sovjozi* productores de grano en gran escala, concebidos como «fábricas de grano» que trabajarían con pautas industriales. El prototipo de los nuevos *sovjozi* era uno apropiadamente llamado «Gigante», que cubría 41.000 hectáreas de tierra, en su mayor parte no cultivada hasta entonces, en la región al norte del Cáucaso; y éste vino seguido por otras empresas similares en el Volga, los Urales y Siberia. El tractor y la estación de tractores eran requisitos previos indispensables en esta operación, que después sería criticada a veces como «gigantomanía». Cuando la colectivización comenzó de veras, el entusiasmo por los *sovjozi* declinó, y una vez más se vieron eclipsados por los *koljozi*.

Un problema intensamente debatido en los círculos del partido era la cuestión de qué hacer con el kulak o con el campesino etiquetado así por las autoridades, es decir, el campesino que cultivaba normalmente las parcelas de tierra mejores y más extensas del pueblo, estaba mejor equipado de animales y máquinas, producía y retenía los mayores excedentes de grano y ofrecía la más fuerte resistencia a la política soviética, incluyendo la política de colectivización. Las opiniones estaban muy divididas. Algunos miembros del partido argüían que si el kulak era incorporado al *koljoz,* junto con su tierra y medios, podía contribuir de forma importante a su producción y eficiencia. Pero, como otros predecían razonablemente, también ejercería una influencia dominante sobre el *koljoz,* guiándole en dirección hostil a los propósitos del partido y del Estado. No obstante, si se le excluía del *koljoz,* ¿qué sería de él? No se le podía permitir que conservara su tierra y sus posesiones y constituyera una unidad de producción independiente al lado del *koljoz.* Tendría que ser desahuciado y expulsado de la región, y ésta era una dura medida que al principio pocos estaban dispuestos a contemplar. No se podía encontrar ninguna solución aceptable.

A lo largo del verano y del otoño de 1929, la campaña en el centro en favor de una creciente colectivización subió de intensidad. Pero incluso sus más entusiastas promotores seguían aceptando dos premisas. La primera era que, con independencia de la presión que pudieran ejercer las autoridades locales sobre el campesino, la colectivización sería voluntaria; la segunda era que, con independencia de la insistencia en la urgencia de la operación, ésta tardaría algunos años en completarse. Al final del año, los dirigentes habían prescindido de ambas premisas, y estaban repentinamente decididos a dar el paso decisivo hacia una colectivización inmediata y forzosa de la agricultura soviética en su conjunto. Al parecer, el cambio decisivo se vio impulsado por dos factores. El primero fue un clima de desesperación provocado por la pesadilla anual de la recaudación de grano; además de ofrecer la perspectiva de una mayor producción, los *koljozi* podían ser obligados más fácilmente que los campesinos individuales a entregar su grano a las agencias oficiales. El segundo fue un clima de regocijo inspirado por los éxitos de la industrialización y por las perspectivas del plan quinquenal. La agricultura era, después de todo, una forma de industria. Si el forzar el ritmo de la industrialización había satisfecho las esperanzas, incluso de los más optimistas, sería falta de fe rechazar las expectativas de un ritmo forzado en la colectivización. La cualidad que se requería para tomar la posición al asalto era una impávida resolución.

Stalin, como era usual en él, no quiso entrar en la discusión hasta que la cuestión quedó clarificada a través del debate y estuvo maduro el momento para tomar una decisión. Entre abril y noviembre de 1929 permaneció silencioso. Después publicó en *Pravda* el acostumbrado artículo sobre el aniversario de la revolución, bajo el título «El año del gran avance». Tras cantar los triunfos de la revolución y el desarrollo de la industria pesada, Stalin se ocupaba de la agricultura, que había logrado «un avance fundamental desde la pequeña economía *individual* y retrasada hasta la agricultura en gran escala *colectiva* y progresiva». El campesino medio, afirmaba, «*ha entrado en los koljozi*». Apenas se mencionaba a los kulaks. Con respecto al futuro, Stalin señalaba: «Si el desarrollo de los *koljozi* y los *sovjozi* se lleva a cabo a un ritmo acelerado, no hay lugar a dudas de que en tres años, más o menos, nuestro país se convertirá en un gran productor de grano, si no en el mayor del mundo.» El artículo contenía una visión del futuro y un análisis del presente, pero no llamaba a una acción inmediata. Considerando su carácter de declaración celebratoria, era contenido y cauto. El partido seguía detenido al borde de una decisión que vacilaba en tomar.

En la sesión del comité central del partido, que tuvo lugar pocos días más tarde, el tono fue ya más tajante. Stalin reparó la omisión de su artículo, refiriéndose a una «ofensiva masiva de los campesinos pobres y medios contra el kulak». De los diversos oradores que trataron de forzar el ritmo de la colectivización, Molotov fue el más intransigente. Rechazó la estimación del plan quinquenal (que preveía modestamente la colectivización del 20 por 100 del área sembrada en el período de cinco años) como una proyección a plazo demasiado largo; la mayoría de las regiones deberían estar totalmente colectivizadas para 1931 y algunas para el otoño de 1930. Se denunció al kulak como un «enemigo imbatido» al que no se debía permitir penetrar en los *koljozi*. Pero ninguno de los discursos se publicó antes de que la colectivización estuviera ya en marcha, de forma que su tono de creciente apremio no llegó a ser conocido por el partido ni por el público. Las resoluciones adoptadas al final de la sesión eran menos precisas en las fechas que las intervenciones de Molotov, reflejando quizá el escepticismo de algunos miembros del comité; pero llamaban a «una ofensiva decisiva contra el kulak, conteniendo y cortando de raíz los intentos de los kulaks de penetrar en los *koljozi*». Todavía no se planteaba la cuestión de qué hacer con el kulak. Durante las pocas semanas siguientes llovieron los informes entusiásticos de los órganos del partido en las principales regiones productoras de grano sobre el progreso de la industrialización; y el 5 de diciembre de 1929 el Politburó nombró una comisión con instrucciones de presentar, en dos semanas, un proyecto de decreto sobre el ritmo de la colectivización en varias regiones. La comisión incluía representantes de las regiones, pero ningún miembro del Politburó, y estaba pensada evidentemente como un cuerpo técnico, no para la toma de decisiones políticas.

Las actas fragmentarias de la comisión, que se publicaron muchos años después, pueden reflejar la confusión de los procedimientos. La comisión se dividió en subcomisiones que presentaron muchas propuestas audaces; una de ellas parece haber acuñado la expresión «liquidación de los kulaks en cuanto clase». Sin embargo, el anteproyecto sometido por la comisión al Politburó, el 22 de diciembre, era todavía relativamente cauto. Proponía la colectivización de las principales regiones productoras de grano en un plazo de dos a tres años (estipulando que en algunos distritos y regiones el progreso podría ser más rápido) y de las demás en un plazo de tres a cuatro años; se añadía una advertencia contra la «decretomanía». Se asumía que los kulaks no podían ser admitidos en los *koljozi;* sus medios de producción, es decir, sus máquinas y animales, serían transferidos a los *koljozi,* y a ellos se les asignarían tierras distantes e inferiores. Los kulaks recalcitrantes serían expulsados de la región; en cambio, a los que se sometieran se les permitiría trabajar en los *koljozi* en alguna tarea indefinida.

Antes de que el Politburó pudiera considerar el informe de la comisión, se reunió en Moscú una conferencia de marxistas agrarios, y Stalin aprovechó la ocasión para lanzar su primer discurso público en muchos meses. Este constituyó el más violento ataque contra los kulaks lanzado hasta entonces. La «deskulaquización» o «liquidación de los kulaks en cuanto clase» era descrita como «uno de los más decisivos giros en toda nuestra política». Aproximadamente al mismo tiempo, un activo trabajador del partido de origen calmuco llamado Riskulov, que había sido miembro de la comisión del Politburó, criticó el informe de ésta en una nota dirigida al Politburó. Era un gesto insólito, al que difícilmente se habría arriesgado sin aprobación superior. Riskulov pedía que se acelerara el ritmo de la colectivización, y que ésta se extendiera a las regiones ganaderas y productoras de algodón, que no se incluían en el anteproyecto, así como la entrega a los *koljozi* de los animales, incluyendo gallinas y vacas lecheras, que el anteproyecto proponía dejar en posesión de los campesinos individuales. El anteproyecto fue revisado a la luz de estas observaciones, y el texto revisado fue adoptado por el comité central del partido el 5 de enero de 1930.

La resolución del 5 de enero fue la decisión clave en el proceso de colectivización. En ella se proclamaba «la *sustitución* de la gran producción de los kulaks por la producción del *gran koljoz*» y «la liquidación de los kulaks en cuanto clase». La colectivización de las principales regiones productoras de grano —el bajo y el medio Volga y el norte del Cáucaso— debería haberse completado «quizá en lo fundamental» hacia el otoño de 1930 o la primavera de 1931, y la de las demás regiones productoras de grano en el otoño de 1931 o la primavera de 1932. Se tendría que acelerar el suministro de tractores y maquinaria, pero esto no debería considerarse una condición para la colectivización. Un párrafo torpemente redactado preveía que, en el período de transición, «los medios de producción *fundamentales* (animales y herramientas, edificios agrícolas, ganado criado para la venta)» deberían ser cedidos a cooperativas agrícolas dentro del *koljoz*. El destino de los kulaks, una cuestión evidentemente todavía controvertida, no quedaba aún resuelto. Para tratar de él se creó una nueva comisión bajo la dirección de Molotov, y el 30 de enero el Politburó adoptó una resolución. Su texto nunca ha sido publicado, pero su sustancia quedaba suficientemente indicada por su título: «Sobre las medidas para eliminar a las familias kulaks de los distritos de colectivización total».

Lo que sucedió en el campo en el invierno de 1929-1930 vino determinado no tanto por los textos de las resoluciones como por el carácter de la operación que se montó para llevarlas a la práctica. Durante el invierno fueron asignados al trabajo permanente en áreas rurales 25.000 obreros industriales, seleccionados, según se dijo, entre 70.000 voluntarios. Estos eran únicamente el núcleo de un gran ejército de militantes del partido, funcionarios, expertos agrícolas, tractoristas y hombres del Ejército Rojo, dispersados por todo el campo para conducir a los campesinos hasta los nuevos *koljozi*. Se prestó considerable atención a la organización; fueron de uso frecuente términos militares como «brigada», «cuartel general» y «alto mando». Todos los involucrados recibieron elaboradas instrucciones, y en algunos lugares se establecieron cursos de instrucción para campesinos. Pero pocos de los responsables tenían alguna experiencia del campo o de la vida y la mentalidad campesinas. Las mismas instrucciones eran confusas y contradictorias; y el exceso de celo en su interpretación parecía un pecado venial. La intención proclamada de no aplicar la compulsión a los campesinos medios o pobres se frustró pronto. Desde el momento en que no se podía mostrar ninguna piedad ante el kulak, al que se trataba como a un enemigo del régimen, cualquier campesino que se resistiera a la colectivización podía ser etiquetado de kulak o quedar sujeto, por ser carne y uña con los kulaks, a las mismas sanciones que ellos. Decenas de millares de kulaks fueron expulsados de sus propiedades y viviendas y abandonados a su suerte o deportados a regiones remotas; sus animales, máquinas y herramientas se traspasaron al *koljoz*. Pocos campesinos de cualquier categoría se integraron voluntariamente en los *koljozi*. Los campesinos se oponían sobre todo a la exigencia de entregar sus animales: muchos prefirieron matarlos antes que entregarlos. A lo largo de la campaña, la divisoria entre persuasión y compulsión se hizo muy fina.

Un rasgo de la operación era la demanda de *koljozi* cada vez más grande, extensión de la «gigantomanía» que había comenzado con los *sovjozi*. En las principales regiones productoras de grano se crearon *koljozi* gigantes, los más grandes de los cuales cubrían 80.000 hectáreas. Pero el propósito principal de los *koljozi*, que los distinguía de los *sovjozi*, no era cultivar tierras vírgenes, sino combinar los pequeños *koljozi* y propiedades campesinas existentes en grandes unidades. Estos *koljozi*, que podían incluir varios pueblos y varios millares de propiedades campesinas, eran pasos dados conscientemente en el camino de la colectivización, y significaban que toda la tierra de un área dada quedaba comprendida en uno o más *koljozi* extensos; tales localidades se describían como «áreas de colectivización total». Se dio mucha publicidad a la petición del distrito de Joper, en la región del bajo Volga, de convertirse en un área de colectivización total, en un proceso que se completaría dentro del período del primer plan quinquenal; y su petición fue saludada como un ejemplo. Pero dos grandes obstáculos impedían la expansión de los *koljozi*: su impopularidad entre la mayoría de los campesinos, que se aferraban tenazmente a la posesión de sus propias parcelas y animales, y la insuficiente oferta de tractores y otra maquinaria, sin los que no tenía significado ni propósito la política de colectivización. Un grave hándicap adicional era la insuficiencia de personal, tanto de miembros del partido y funcionarios soviéticos que tuvieran algún contacto con el campo o algún conocimiento de sus problemas, como de agrónomos, trabajadores veterinarios y mecánicos cualificados, imprescindibles para el funcionamiento de una transformación tan vasta.

La extendida confusión resultante de estas actuaciones y los esporádicos disturbios entre el campesinado amenazaban las siembras de primavera, y asustaron a las autoridades. Un artículo de Stalin, publicado el 2 de marzo de 1930 bajo el título «Los éxitos se nos suben a la cabeza», llamó a poner alto a las nuevas colectivizaciones. La presión disminuyó; y durante la primavera se permitió dejar los *koljozi* a muchos campesinos a los que se había obligado a entrar en ellos. Se volvió a tolerar ahora la retención de pequeñas propiedades individuales y de algunos animales. El momento de este retroceso parece haber sido elegido para permitir que la siembra se realizara, más o menos, normalmente. Este paso afortunado, combinado con un clima excepcionalmente favorable, explica la excepcional cosecha de grano de 1930, la mayor desde la revolución. Pero una caída vertical del número de animales constituía un mal signo para el futuro; y el respiro duraría poco. Los golpes de los primeros meses del año habían quebrado la resistencia campesina y desgarrado sin remedio el viejo orden campesino. El kulak había sido expulsado o aplastado. En las áreas de colectivización total, el *mir* fue abolido formalmente por un decreto del 30 de junio de 1930. Cuando el movimiento de colectivización se reanudó a finales del año encontró menos oposición activa y avanzó más rápidamente. A mediados de 1931, dos tercios de todas las propiedades en las principales regiones productoras de grano habían sido incorporadas a los *koljozi,* y las restantes las seguirían en los pocos años siguientes.

Pero los costos completos de la transformación no tardarían en hacerse evidentes. La producción había quedado desorganizada. Los productores más eficientes habían sido expulsados. Aunque el suministro de tractores y maquinaria aumentaba lentamente, los *koljozi* no estaban todavía equipados para llenar el hueco. Lo más eficiente eran las recaudaciones de grano: de los *koljozi* se extrajo una proporción de la cosecha mayor de la que se había obtenido de los campesinos individuales. Los campesinos comenzaron a pasar hambre. Se sacrificó a un número cada vez mayor de animales porque ya no se les podía alimentar. Las malas cosechas de 1931 y 1932 coronaron la calamidad. Se siguió recaudando grano incluso de forma implacable en las áreas más afectadas; y durante el invierno siguiente las regiones que habían sido las más ricas productoras de grano fueron presa de una hambruna peor que ninguna de las experimentadas once años antes, tras la guerra civil (véase la p. 53 *supra*). No puede calcularse el número de los muertos por hambre: las estimaciones varían entre uno y cinco millones.

La colectivización completó la revolución agraria, que había comenzado en 1917, con la toma por los campesinos de las fincas de los terratenientes, pero que había dejado incambiados los antiguos métodos de cultivo y modos de vivir campesinos. La etapa final, a diferencia de la primera, no debió nada a la revuelta espontánea de los campesinos: Stalin la calificó correctamente de «revolución desde arriba», pero añadió de forma errónea que había estado «apoyada desde abajo». Durante los doce años anteriores, la agricultura había permanecido como un enclave casi independiente dentro de la economía, había funcionado según sus propias pautas y resistido todos los intentos desde fuera por cambiarlas. Esta fue la esencia de la NEP, un compromiso difícil que no duró. Una vez que una poderosa autoridad central en Moscú tomó en sus manos la planificación y reorganización de la economía, emprendiendo el camino de la industrialización, y una vez que se hizo evidente el fracaso de la agricultura bajo el régimen existente para satisfacer las necesidades de una población urbana y fabril en rápida expansión, se produjo lógicamente la ruptura. La batalla comenzó y fue librada por ambas partes con gran tenacidad y dureza.

La ambición de los planificadores era aplicar a la agricultura los dos grandes principios de la industrialización y la modernización. Los *sovjozi* se concebían como fábricas mecanizadas de grano. La masa de los campesinos sería organizada en *koljozi* constituidos según el mismo modelo.

Pero las extravagantes esperanzas de asegurar un suministro de tractores y otra maquinaria suficiente para hacer viable en términos prácticos tal proyecto se vieron defraudadas. El partido nunca había tenido una firme implantación en el campo. Ni los dirigentes que tomaban las decisiones en Moscú ni el ejército de miembros y simpatizantes del partido que marchaban al campo a ponerlas en práctica tenían ninguna comprensión de la mentalidad campesina, o ninguna simpatía por las antiguas tradiciones y supersticiones que constituían el núcleo de la resistencia campesina. La incomprensión mutua era total. El campesino veía a los emisarios de Moscú como invasores que habían venido no sólo a destruir su querido modo de vida, sino a restablecer las condiciones de esclavitud de las que le había liberado la primera etapa de la revolución. La fuerza estaba del lado de las autoridades y se aplicaba brutal y despiadadamente. El campesino —y no sólo el kulak— era víctima de lo que consideraba una abierta agresión. Lo que había sido planeado como una gran realización terminó en una de las grandes tragedias que dejaron una mancha en la historia soviética. El cultivador de la tierra había sido colectivizado. Pero a la agricultura soviética le costaría muchos años recuperarse del desastre que conllevó el proceso. Hasta los últimos años treinta, la producción de grano no volvería a los niveles alcanzados antes de que comenzara la colectivización forzosa; y la caída en el número de animales persistiría aún por más tiempo.

17. Pautas dictatoriales

La derrota y expulsión de la oposición unificada en el congreso del partido celebrado en diciembre de 1927 eliminó el último gran obstáculo en el ascenso de Stalin hacia el poder absoluto. En la misma oposición surgieron pronto desavenencias. La actitud de Kamenev en el congreso ya olía a rendición. Un mes más tarde, Zinoviev y Kamenev declararon que se habían «desligado» del grupo de Trotski, que rechazaban su política y que su lema era ahora «Volver al partido, volver a la Comintern». Siguieron otras defecciones, incluyendo a algunos de los propios seguidores de Trotski. El proceso se aceleró cuando el nuevo giro de la política oficial se hizo evidente. Trotski había predicho con toda confianza que la victoria de Stalin y Bujarin presagiaría una brusca reacción hacia la derecha. Sucedió exactamente lo contrario. Las recaudaciones de grano de los primeros meses de 1928 probaron que Stalin había abandonado la política de apaciguamiento del campesinado condenada por la oposición. Stalin apenas había esperado a expulsar a Trotski del partido y de Moscú para embarcarse en una política de industrialización forzada, a un ritmo y con un costo para los otros sectores de la economía muy por encima de todo lo previsto hasta entonces por Trotski o por cualquier otro. Los exiliados que languidecían en Siberia podían persuadirse ahora de que Stalin había adoptado la política de la oposición y de que su papel era ayudar y apoyar a quienes estaban comprometidos en la tarea. En cualquier caso, esto proporcionaba un terreno honorable para la rendición. A los posibles desertores se les ofrecieron tanto incentivos como amenazas. En junio de 1928, Zinoviev y Kamenev, con otros cuarenta penitentes, fueron readmitidos en el partido.

Trotski, desde Alma Ata, mantuvo a lo largo del año una correspondencia a larga distancia con los exiliados por toda Siberia, y luchó, con éxito decreciente, por fortalecer su resistencia. Se sintió particularmente herido cuando Preobrazhenski y Radek, a quienes él había contado hasta entonces entre sus más firmes partidarios, anunciaron su desacuerdo con él e iniciaron una aproximación a las autoridades de Moscú. Sólo Rakovski, entre los antiguos dirigentes destacados de la oposición, compartía todavía la opinión de Trotski de que la dictadura personal de Stalin y la degeneración del partido eran cuestiones clave en las que no se podía permitir ningún compromiso. El propio Trotski era infatigable. En el verano de 1928 envió al secretariado de la Comintern una larga *Crítica* del proyecto de programa de la Comintern sometido al congreso, que no pudo ser ocultada a los delegados extranjeros. La crítica constituía un mordiente ataque a la doctrina del socialismo en un solo país, a la que se consideraba responsable de todos los desastres de la política de la Comintern. Para Stalin, Trotski, incluso aislado en un remoto rincón de la URSS, representaba todavía un foco de disidencia, un desafío organizado a su autoridad; y decidió librarse de él. En esta época encarcelar a uno de los héroes de la revolución habría sido inconcebible: una medida de la distancia que todavía separaba este período del de las grandes purgas. El problema era encontrar un destino al que se pudiera enviar a Trotski. Ni Alemania ni ningún otro país europeo admitirían al famoso revolucionario. Turquía, sin embargo, se manifestó de acuerdo; y en enero de 1929 Trotski fue llevado a Odesa y embarcado con destino a Estambul. Durante casi cuatro años encontraría refugio en la isla de Prinkipo.

Subestimara o no Stalin los efectos perjudiciales de la indomable campaña de Trotski contra él en el mundo exterior, lo cierto es que dentro de la URSS se había librado de su último rival serio. Los grupos que en lo sucesivo desafiarían su autoridad dentro del partido no representarían una amenaza para su monopolio del poder. No llegarían a organizar a sus simpatizantes y, al igual que la oposición unificada, les resultaría difícil ofrecer ningún programa alternativo positivo. Tanto la oposición unificada como los posteriores disidentes usaron un lenguaje tradicional para condenar los males de la burocracia y la represión de la opinión independiente. «Nuestros desacuerdos con Stalin —dijo Bujarin a Kamenev en junio de 1928— son mucho más serios que los que tenemos con vosotros.» Pero esto no era estrictamente cierto. Había una importante diferencia entre ellos, resultante en parte del cambio en la propia actitud de Stalin tras su victoria a finales de 1927. Trotski, Zinoviev y Kamenev habían criticado a Stalin por traicionar los objetivos de la revolución y llegar a acuerdos con los kulaks en el interior y con los socialdemócratas y nacionalistas en el exterior; éste era un ataque desde la izquierda. Bujarin, Rikov y Tomski criticaban la precipitación y la crueldad con las que Stalin intentaba alcanzar los objetivos de la revolución, y trataban de moderar el ritmo y la intensidad del intento; en la terminología de la época, éstos eran ataques desde la derecha. Los disidentes posteriores, al igual que la anterior oposición, tampoco intentaron excluirse automáticamente del marco del partido. Se les describiría normalmente como culpables de «desviación», no de oposición.

El nuevo grupo de «desviacionistas» de derecha comenzó a formarse pocas semanas después del derrumbamiento de la oposición unificada, y mucho antes de la expulsión final de Trotski de la URSS. Rikov, que había estado durante mucho tiempo en la derecha del partido, expresó abiertamente su disgusto, compartido por muchos miembros del partido, ante las recaudaciones forzosas de grano de enero y febrero de 1928. Bujarin tardó más en manifestarse: había sido carne y uña con Stalin en la campaña contra Trotski. Pero una vez derrotada la oposición se podía prescindir de él, y Stalin se dedicó pronto a la tarea de socavar su influencia. Ya en el congreso del partido que expulsó a la oposición en diciembre, Bujarin se había ganado disimulados ataques por menospreciar el llamado «peligro de la derecha». Este ataque se refería específicamente a problemas de la Comintern, pero tenía mayores implicaciones. En mayo de 1928, Stalin habló ante el Instituto de Profesores Rojos, cuyo director era Bujarin, atacando las propuestas de hacer más lento el avance de la industrialización y hablando de la necesidad de fortalecer los *koljozi* y *sovjozi* y de mejorar la recaudación de grano. Aunque no se mencionó el nombre de Bujarin, el desafío a sus puntos de vista era inequívoco. Aproximadamente en la misma época, Bujarin dirigió al Politburó dos memorándums poniendo en cuestión el ritmo de la industrialización, la presión impuesta al campesinado y la viabilidad de la agricultura colectiva; y Tomski empezó a inquietarse por las repercusiones de la industrialización sobre los trabajadores y sobre su propio papel en los sindicatos. Junto a otras funciones, Bujarin era director del diario del partido, *Pravda,* y miembro del consejo de redacción de la revista del partido, *Bolshevik*. Pero se hicieron nuevos nombramientos para los consejos de redacción de ambas publicaciones con la evidente intención de limitar la autoridad de Bujarin. En la crucial reunión de julio del comité central del partido, Rikov, Bujarin y Tomski, miembros todos del Politburó, aparecieron como una minoría de tres frente a las medidas políticas vigentes. Bujarin, en virtud de su reputación como el principal teórico del partido y de su capacidad para el debate, se convirtió en el dirigente del grupo.

El momento todavía no estaba maduro para una ruptura abierta. Las sesiones terminaron con un compromiso sin contenido, y se mantuvo la apariencia de unanimidad del Politburó. Pero esta vez Bujarin había aprendido la lección. Mientrás se desarrollaban las sesiones visitó a Kamenev, con conocimiento de Rikov y Tomski, y le ofreció una coalición con los restos de la vieja oposición contra Stalin. Fue un gesto tardío y fútil. La oposición unificada se había visto fragmentada y dispersa; y ya no se podía confiar en Kamenev. Bujarin no era un táctico. Pero cuando Stalin supo de esta iniciativa, algún tiempo después, debió confirmar su determinación de aplastar y humillar a Bujarin. Más avanzado julio, Bujarin presidió el VI Congreso de la Comintern. Pero Stalin le desairó públicamente insistiendo en algunas enmiendas a las tesis que él había redactado para el congreso; y muchos de los delegados se dieron cuenta de que su estrella estaba declinando. A finales de septiembre, Bujarin lanzó su andanada económica, titulada «Notas de un economista», y se fue de vacaciones. Pero no hizo nada para organizar a sus seguidores, y por ello dejó el campo abierto para una intensa campaña de propaganda contra sus opiniones, aunque ninguno de los principales disidentes fuera mencionado todavía nominalmente. La reunión del comité central del partido, celebrada en noviembre, acabó una vez más con un ostensible compromiso (véase la p. 182 *supra*). Pero esta vez fue claramente Bujarin quien emprendió una retirada para preservar la unidad formal, sufriendo una aplastante derrota.

Tomski resultó menos manejable, y fue el primero del trío que cayó públicamente en desgracia. Inauguró el congreso de los sindicatos celebrado en diciembre de 1928, un mes después de la derrota en el comité central del partido, sin intentar poner en discusión las cuestiones polémicas. Pero su renuencia y la de otros dirigentes sindicales a enfrentarse a la cuestión de la industrialización resultaba clara. *Pravda* acusó a los sindicatos de tomar una línea «apolítica», es decir, de concentrarse en los intereses inmediatos de los trabajadores, dejando de lado «las nuevas tareas del período de reconstrucción». El Politburó demostró su determinación de imponerse a Tomski al nombrar a Kaganovich, uno de los seguidores más militantes de Stalin, como delegado del comité central del partido en el consejo central de los sindicatos. Tomski se permitió el gesto audaz, pero vacío, y por el que sería duramente censurado, de dimitir de su puesto de presidente del consejo central de los sindicatos y de ausentarse de la sesión final del congreso. Aunque seguiría siendo miembro del consejo central durante otros tres meses, nunca volvería a aparecer en una tribuna sindical.

Bujarin no le sobrevivió por mucho tiempo. En enero de 1929, reducido a la desesperación, tuvo dos reuniones infructuosas más con Kamenev; la versión de Kamenev de su anterior reunión se había difundido ya en los círculos del partido. La ruptura ya no podía ser evitada por más tiempo. Se produjo a finales de enero en una reunión conjunta del Politburó con una comisión de control del partido. Los tres disidentes presentaron sus dimisiones, y Bujarin realizó un ataque directo contra Stalin, aunque sin nombrarle, al protestar contra el régimen opresivo establecido dentro del partido y «contra el hecho de que las decisiones de la dirección del partido sean tomadas por una sola persona». Stalin respondió con un análisis insultante de los zigzags de la trayectoria de Bujarin y de sus primitivas disputas con Lenin, y denunció «la plataforma capitulacionista, oportunista de derecha» de los disidentes. La resolución adoptada al final de la sesión, el 9 de febrero, enumeraba la lista de los errores de Bujarin, y le declaraba culpable de deslealtad hacia el partido. Pero no fue publicada ni comunicada de forma oficial al comité central del partido, de forma que la posición de Bujarin siguió formalmente intacta. Sólo en abril se reuniría el comité central y, tras haber escuchado una nueva y dramática crítica de Stalin a la trayectoria de Bujarin, confirmaría la resolución del 9 de febrero y apartaría a Bujarin de su trabajo en *Pravda* y en la Comintern, y a Tomski del consejo central de los sindicatos. Pero esto supuso simplemente la confirmación formal de una situación ya existente. Tras la reunión del comité central, las decisiones fueron comunicadas por Molotov a la conferencia ampliada del partido convocada para aprobar el primer plan quinquenal. Pero no se publicaron ni el informe de Molotov ni la resolución en la que se aprobaban las decisiones. Sobre la caída de Bujarin no apareció en la prensa ni se filtró al mundo en general una sola palabra.

Esta extrema precaución era característica de Stalin, que no valoraba a Bujarin como un peligroso oponente y no veía razón para forzar la cuestión. Pero también era un tributo a la popularidad de Bujarin entre los miembros de base del partido, muchos de los cuales, especialmente en el campo, compartían sus inclinaciones moderadas. La cuestión se planteó de nuevo cuando el IKKI se reunió en julio de 1929. Al principio nadie mencionó la ausencia de Bujarin. Pero mediadas las sesiones, Molotov llegó para realizar una franca denuncia de los tres disidentes, y en particular de Bujarin, que se había comprometido en «una desviación de derecha» y atacaba «nuestra economía socialista». Tras ello, muchos delegados, soviéticos y extranjeros, se unieron al coro; y al final de la sesión se aprobó una resolución que condenaba a Bujarin y aprobaba la decisión del comité central del partido de excluirle de toda participación ulterior en la Comintern y sus órganos. Pero una vez más esta resolución no fue publicada con las restantes, y sólo apareció en *Pravda* algunas semanas después. En ese momento, sin embargo, se puso en marcha en la prensa una campaña de denuncia a fondo. El clímax se alcanzó en una sesión del comité central del partido celebrada en noviembre. Los tres disidentes fueron inducidos a firmar una retractación de sus puntos de vista, un tanto carente de vigor, que se publicó en *Pravda*. Bujarin fue excluido del Politburó, mientras Tomski y Rikov eran sólo censurados y amonestados para que no reincidieran. Mediante un lento proceso de desgaste, los disidentes habían sido desacreditados y habían quedado indefensos y reducidos a la inocuidad.

Un mes después, el 21 de diciembre de 1929, Stalin celebró su quincuagésimo aniversario. El acontecimiento vino a resumir las tendencias que habían venido creciendo insensiblemente a partir de sus luchas contra los rivales y de su ascenso al poder supremo. Desde su nombramiento como secretario general del partido, en el último año de vida activa de Lenin, la fuerza de Stalin se había apoyado siempre en su gestión rígida y meticulosa de la maquinaria del partido, que controlaba los nombramientos para los puestos clave en el partido y en el Estado. Había reunido en torno a él un cuerpo de fieles partidarios —sobre todo dirigentes de segunda fila del partido— cuyas fortunas políticas estaban ligadas a la suya, y que le debían una fidelidad política incuestionable. La política de afiliación inaugurada con el «alistamiento Lenin» de 1924 había creado en el partido una base de miembros formada por obreros de confianza conocidos por su pronta sumisión a la línea del partido. En el campo más ingrato de la doctrina de partido, Stalin se había esforzado por presentarse no como un innovador, sino como el devoto discípulo de Lenin y custodio de la ortodoxia del partido; el espúreo intento de atribuir a Lenin la teoría del socialismo en un solo país fue un ejemplo de su afán de apoyar su autoridad en la del maestro. El paralelismo era cultivado inconscientemente por quienes le rodeaban. Las palabras de Stalin, como las de Lenin, eran citadas constantemente en la prensa y en los discursos de sus seguidores, y consideradas argumento de autoridad. Su retrato aparecía por doquier en los lugares públicos, con frecuencia al lado del de Lenin. Estas prácticas alcanzaron su apogeo en los homenajes del aniversario, que estuvieron marcados por un despliegue de adulación personal sin precedentes hasta entonces.

Sin embargo, muchos rasgos distinguían el carácter del poder de Stalin de todo lo que hubiera podido imaginarse bajo Lenin. Stalin poseía una forma de vanidad, totalmente ajena a Lenin, que exigía no ya la posesión del poder o su boato, sino la obediencia absoluta y el reconocimiento de su infalibilidad. Ninguna crítica abierta, ninguna expresión de disidencia aparecerían nunca más en la prensa del partido, ni siquiera en las revistas especializadas. Las discusiones sobre cuestiones del momento que todavía puedan encontrarse estarían marcadas por homenajes uniformes e insulsos al líder, y por la celebración de logros suyos con frecuencia míticos. Stalin se convirtió en una figura remota y aislada, exaltada muy por encima de los vulgares mortales, y de hecho por encima de sus más próximos colegas. Parece haber carecido de cualquier sentimiento efusivo hacia sus compañeros; era cruel y vengativo con aquellos que amenazaban su voluntad o excitaban su resentimiento o su antipatía. Su compromiso con el marxismo y el socialismo era sólo epidérmico. El socialismo no era algo que surgiera a partir de la situación económica objetiva y de la revuelta de los trabajadores con conciencia de clase contra la dominación opresiva del capitalismo; era algo que debía ser impuesto desde arriba, arbitrariamente y por la fuerza. La actitud de Stalin hacia las masas era de desprecio; era indiferente a la libertad y a la igualdad; desdeñaba las perspectivas de la revolución en cualquier país fuera de la URSS. El fue el único miembro del comité central del partido que ya en enero de 1918 mantuvo, en oposición a Lenin, que «no existe movimiento revolucionario en Occidente».

La opción por el socialismo en un solo país se ajusta perfectamente a la personalidad de Stalin, aunque las actitudes que cristalizaron en la nueva doctrina no fueran de su exclusiva hechura. Le permitía emparejar las profesiones de socialismo con el nacionalismo ruso, único credo político al que era profundamente sensible. En el tratamiento que Stalin daba a las minorías nacionales, o a las naciones más pequeñas, el nacionalismo degeneraba fácilmente en chovinismo. Se oían notas del viejo antisemitismo ruso, denunciado terminantemente por Lenin y los primeros bolcheviques; y las condenas oficiales, aunque persistentes, comenzaron a sonar menos tajantes. En arte y literatura, el ilusionado experimentalismo de los primeros años de la revolución se vio abandonado por un retorno a los modelos rusos tradicionales, reforzado por una censura crecientemente estricta. Las escuelas marxistas de historiografía y derecho pasaron a segundo plano; ya no era causa de reproche buscar la continuidad con el pasado ruso. El socialismo en un solo país volvía a la vieja exclusividad nacional rusa, rechazada tanto por Marx como por Lenin. No era enteramente incongruente situar el régimen de Stalin en el contexto de la historia rusa.

Este confinamiento de la revolución dentro del corsé de un estrecho nacionalismo tenía su reverso. Sería injusto presentar a Stalin como un hombre movido exclusivamente por el ansia de poder personal. Dedicó su infatigable energía a la transformación de la primitiva Rusia campesina en una moderna potencia industrial, capaz de hacer frente a las grandes potencias capitalistas en términos de igualdad. La necesidad de «alcanzar» o «sobrepasar» a los países capitalistas era un tema obsesivo y que inspiró la mayoría de los escasos párrafos brillantes en la monótona prosa de Stalin. Este es el tema de su artículo de aniversario de noviembre de 1929 sobre «El año del gran avance».

> Estamos yendo a toda marcha por el sendero de la industrialización hacia el socialismo, dejando atrás nuestro retraso «ruso» de siglos.
>
> Nos estamos convirtiendo en un país del metal, un país del automóvil, un país del tractor.
>
> Y cuando hayamos sentado a la URSS en un automóvil, y al campesino en un tractor, que intenten entonces alcanzarnos los honorables capitalistas, que alardean de su «civilización». Veremos entonces qué países pueden considerarse atrasados y cuáles avanzados.

Y más tarde, algo más sobriamente, dibujaría un cuadro de Rusia a través de los tiempos, «batida a causa de su atraso» por una sucesión de invasores extranjeros, desde los «kanes mongoles» hasta los «capitalistas anglofranceses» y los «barones japoneses», y concluiría: «Marchamos con un atraso de cincuenta o cien años respecto a los países adelantados. En diez años tenemos que salvar esta distancia. O lo hacemos, o nos aplastan.»

Esta extraordinaria combinación de un compromiso a favor de la industrialización y la modernización de la economía, atractivo para los marxistas convencidos como un paso vital en el camino del socialismo, y un compromiso a favor del renacimiento del poder y el prestigio de la nación rusa, atractivo para el ejército, para las élites burocrática y tecnológica, para todos los supervivientes del antiguo régimen que habían entrado al servicio del nuevo, dio a Stalin su inquebrantable dominio sobre el partido, el gobierno y la administración. Sería un error atribuir su poder simplemente a la astucia política de Stalin, o a la eficiencia del aparato, o a la severidad de las medidas tomadas para suprimir la disidencia. Los desertores de la oposición en 1928 y 1929 no fueron los únicos en pensar que la impávida determinación de Stalin en la persecución de fines largo tiempo deseados pesaba más que los métodos brutales utilizados para poner en práctica su política. Algunos pensaban que sin estos métodos no sería posible alcanzar aquellos fines, otros que no sería posible alcanzarlos sin la enérgica dirección personal de Stalin y que, por consiguiente, era necesario tolerar sus ingratas peculiaridades. El hecho de que ésta fuera una revolución desde arriba y descargara su mayor peso sobre las mismas clases que eran sus supuestas beneficiarias, no perturbaba gravemente el cuadro. El entusiasmo por el gran salto adelante arrastró a la mayor parte de los miembros del partido y a otras personas dedicadas, en unas u otras actividades, al progreso en dirección hacia el gran objetivo, y las dejó indiferentes a otras consideraciones. Se trataba de una sociedad muy acostumbrada a asociar gobierno con opresión, y a considerar ésta como un mal inevitable.

En su quincuagésimo aniversario, Stalin había llegado a la cumbre de su ambición. Habían ocurrido ya bastantes cosas que daban la razón a las aprensiones de Lenin sobre su uso brutal y arbitrario del poder. Había mostrado ya una extraordinaria implacabilidad para imponer su voluntad y aplastar toda oposición a ella. Pero la revelación plena del carácter de su dictadura aún tenía que llegar. Los horrores del proceso de colectivización, de los campos de concentración, de los grandes procesos teatrales, y de la matanza indiscriminada, con o sin proceso, no sólo de quienes se le habían opuesto en el pasado, sino también de muchos que le habían ayudado en su ascenso hacia el poder, acompañados por la imposición de una ortodoxia rígida y uniforme sobre la prensa, el arte y la literatura, la historia y la ciencia, y por la supresión de toda opinión crítica, dejarían una mancha que no podrían borrar la victoria en la guerra o sus secuelas. Las fluctuaciones de la reputación de Stalin entre sus compatriotas desde su muerte parecen reflejar emociones confusas y contradictorias de admiración y vergüenza. Esta ambivalencia puede persistir por mucho tiempo. Se ha invocado con frecuencia el precedente de Pedro el Grande, y resulta asombrosamente adecuado. También Pedro fue un hombre de formidable energía y extrema ferocidad. Revivió y sobrepasó las peores brutalidades de zares anteriores, y su trayectoria excitó la repulsión de generaciones posteriores de historiadores. Sin embargo, sus éxitos en aprender de Occidente, en imponer a la primitiva Rusia los fundamentos materiales de la civilización moderna, y en dar a Rusia un lugar entre las potencias europeas, les obligarían a concederle, aunque con reluctancias, el derecho a la grandeza. Stalin fue el déspota más despiadado que Rusia había conocido desde tiempos de Pedro, y fue también un gran occidentalizador.

18. La URSS y el mundo (1927-1929)

Durante casi dos años desde la ruptura con Inglaterra en mayo de 1927 y el colapso del movimiento revolucionario chino y de la intervención soviética en China, las relaciones exteriores soviéticas estuvieron estancadas. El gobierno británico rechazaría ignominiosamente las sucesivas aproximaciones de Moscú. Las negociaciones con Francia sobre deudas y créditos se interrumpieron; y el gobierno francés, aunque no cortó las relaciones diplomáticas, encontró un pretexto para exigir la retirada del embajador soviético Rakovski. Las relaciones con Alemania se vieron temporalmente perturbadas por la firma del tratado de Locarno y la entrada en la Sociedad de Naciones; su curso desigual se vería marcado de vez en cuando por airados interludios. Pero, sobre la firme base de los acuerdos militares secretos, del deseo alemán de evitar una orientación exclusiva hacia Occidente, y de la común hostilidad hacia Polonia, seguirían siendo más estrechas y más fructíferas que las relaciones soviéticas con cualquier otro país. Las relaciones con Polonia se habían deteriorado aún más desde el golpe de Pilsudski en mayo de 1926, emponzoñándose ante el temor a que Pilsudski sirviera como instrumento voluntario de los designios antisoviéticos de las potencias occidentales, y después por el persistente aunque fracasado intento polaco de organizar a los otros vecinos occidentales de la URSS —Finlandia, los Estados bálticos y Rumania— en un pacto o alianza bajo el liderazgo polaco. Las relaciones con Japón se volvieron incómodas por la ambigua política japonesa en China, y por el celoso control japonés sobre Manchuria, a través de su protegido el jefe militar chino Chang Tso-lin.

Paradójicamente, la única iniciativa importante tomada en esta época por la diplomacia soviética fue la participación en las actividades internacionales en Ginebra. Hasta entonces la cooperación soviética con la Sociedad de Naciones se había limitado a un tenue vínculo con su organización sanitaria. La Sociedad había sido denunciada constantemente por Moscú como parte integral del opresivo tratado de paz de Versalles de 1919, y como un encubrimiento hipócrita de los preparativos militares de los aliados. Este anatema aún se mantenía. Pero ahora que Alemania había entrado en la Sociedad, la ausencia del escenario de la acción aumentaba la sensación de aislamiento. En mayo de 1927 una amplia delegación soviética llegó por primera vez a Ginebra para asistir a la Conferencia Económica Mundial. Los delegados soviéticos se distinguieron tanto en las sesiones plenarias como en las comisiones de la conferencia por sus ataques a los procedimientos capitalistas y su defensa del monopolio del comercio exterior, acompañados de todas formas por llamamientos a la «coexistencia pacífica de los dos sistemas económicos». La ausencia de resultados concretos no cambiaría la sensación por ambas partes de que se habían establecido contactos susceptibles de ulterior desarrollo.

Más sensación causaría la aparición en Ginebra, seis meses después, de una delegación soviética encabezada por Litvinov, vicecomisario de Asuntos Exteriores, en la reunión de la Comisión Preparatoria para el Desarme. Litvinov se convirtió en el centro de atención al proponer la abolición total de todo armamento militar, naval y aéreo. Fue un gesto tan sensacional como embarazoso. La comisión se apresuró a aplazar la discusión hasta su siguiente sesión, celebrada en marzo de 1928. En esta ocasión el infatigable Litvinov presentó un plan revisado para un desarme total por etapas. Cuando también se dio carpetazo a este plan, le sustituyó por un proyecto alternativo de limitación de armamentos que, aunque menos utópico que sus antecesores, iba mucho más allá de todo lo previsto por las potencias occidentales. Sólo fue acogido con cierta simpatía por Alemania, cuyo armamento había sido restringido rígidamente por el tratado de Versalles, y por Turquía, nuevo miembro de la comisión. Las sesiones prosiguieron con embarazo para la mayoría de los delegados, que no encontraban más recurso que el de nuevos aplazamientos, y ganaron para Litvinov y la URSS mucha publicidad favorable en los círculos radicales de los países occidentales interesados en el desarme, que ya se sentían impacientes ante los lentos progresos de la comisión.

Un nuevo y significativo paso en las relaciones soviéticas con Occidente se produjo en el verano de 1928. El secretario de Estado norteamericano, Kellogg, propuso la firma de un pacto internacional de renuncia a la guerra «como instrumento de política nacional». La URSS no estaba entre los quince países invitados originalmente a participar. Pero cuando en el día de la firma, el 27 de agosto de 1928, se envió una invitación a la URSS, como a los demás países no firmantes, para incorporarse al pacto, ésta fue aceptada pronta y efusivamente. Además, cuando las potencias occidentales retrasaron la ratificación del pacto, el gobierno soviético propuso a sus vecinos más próximos la conclusión de un pacto para aplicar entre ellos inmediatamente las previsiones del pacto Kellogg. Este pacto subsidiario fue firmado en Moscú el 9 de febrero de 1929, con gran publicidad, por la URSS, Polonia, Letonia, Estonia y Rumania; Lituania, Turquía y Persia se incorporarían a él más tarde.

La mano de Litvinov era claramente visible en estas maniobras. Litvinov había suplantado prácticamente a Chicherin como comisario del Pueblo para Asuntos Exteriores, aunque no le sucedería formalmente en el cargo hasta 1930. Chicherin, vástago excéntrico de una antigua familia que se había unido al partido, se había ganado la confianza de Lenin. Pero estaba separado por fuertes antipatías mutuas de Stalin, el cual prefería el estilo más crudo y brusco de Litvinov. En 1928, Chicherin, enfermo ya, se retiró de la vida activa. El significado del cambio fue que mientras Chicherin desconfiaba de los países occidentales, y especialmente de Inglaterra, de donde había sido deportado ignominiosamente en 1918, y tan sólo se sentía en casa en Alemania, Litvinov había vivido muchos años en Inglaterra, hablaba fluidamente el inglés y tenía una esposa inglesa. Durante varios años, Litvinov trabajaría dentro de los límites de la política soviética, y no sin éxito, por una aproximación entre la URSS y el mundo occidental.

Desde la huelga general de 1926, los discursos de los más prominentes políticos británicos habían contribuido a crear la imagen de Inglaterra prevaleciente en Moscú como el más implacable enemigo de la URSS. Durante este período la actitud del gobierno conservador estaba inspirada por una profunda desconfianza hacia la URSS y por el deseo de tener el menor número posible de tratos con Moscú. Pero a finales de 1928, esta política de permanecer de espaldas a la URSS no había dado resultado, y se estableció un clima más cálido. En un momento en que los norteamericanos y los alemanes estaban comenzando a sobrepasar a los ingleses en la moderna tecnología industrial, resultaba alarmante la pérdida de los mercados ingleses en la URSS; y se atribuía esta pérdida a la ruptura de relaciones entre los dos países. A finales de marzo de 1929, un grupo de ochenta hombres de negocios británicos partió en viaje para la URSS, donde fueron entusiásticamente recibidos y reunieron varios pedidos. En Inglaterra era inminente la celebración de elecciones generales. Tanto el Partido Laborista como el Liberal incluían en sus programas la reanudación de las relaciones con la URSS. De las elecciones surgiría el Partido Laborista como el más fuerte de los tres, por lo que formó un gobierno que llevó a cabo su promesa. Se restablecieron las plenas relaciones, con algún retraso, a finales del año. Pero la reconciliación era sólo epidérmica, y no afectaría a la tensión subyacente entre la URSS y el mundo occidental.

Las relaciones con Estados Unidos eran ambivalentes, y poseían un carácter peculiar. Los dirigentes soviéticos reconocían que Inglaterra estaba siendo rápidamente eclipsada por Estados Unidos como principal potencia capitalista; algunos esperaban que esto condujera a un agudo enfrentamiento entre los dos países angloparlantes. Pero pese a la uniforme hostilidad hacia la URSS que mostraban el gobierno norteamericano, la American Federation of Labor y la prensa norteamericana, las reacciones en Moscú eran sorprendentemente suaves, y estaban teñidas de admiración y envidia hacia los logros de la industria norteamericana. Estados Unidos era el país más avanzado del mundo en tecnología industrial, en producción masiva y en estandarización; la organización de la producción en grandes unidades le aproximaba a las condiciones y exigencias soviéticas más que a ningún otro país. Un factor importante para la política soviética de industrialización era el recurso a la maquinaria y el equipamiento norteamericanos; y a partir de 1927 Estados Unidos comenzó a competir con Alemania como principal suministrador de productos industriales a la URSS.

Aún más significativo era el empleo masivo de ingenieros norteamericanos. La dotación de ingenieros y técnicos cualificados en las fábricas y minas soviéticas había supuesto un problema desde el primer momento. Muchos de los que habían trabajado en esas tareas antes de la revolución habían desaparecido; y la lealtad de otros era dudosa. Había pocas facilidades para entrenar a una nueva generación que les sustituyera. En los primeros años trabajaron en la URSS muchos ingenieros alemanes. Pero con la introducción del primer plan quinquenal y la rápida expansión de la industria soviética creció la demanda de expertos a niveles superiores; y serían ingenieros norteamericanos en su mayor parte quienes cubrieran el hueco. Dnieprostroi fue sólo el primero de varios grandes proyectos de construcción planeados y dirigidos por ingenieros norteamericanos que traían con ellos a su propio equipo. Las autoridades soviéticas les protegían contra los celos de sus colegas rusos, y tenían más confianza en su eficiencia y lealtad que en las de los ingenieros rusos de la vieja guardia. Hacia 1929 estaban trabajando en la URSS varios cientos de ingenieros norteamericanos altamente cualificados. El número se consideraba «abiertamente insuficiente», y pronto debería aumentar más aún. Si bien continuaba la obstinada hostilidad de los círculos oficiales de Estados Unidos hacia Moscú, se había abierto una brecha en el frente industrial y comercial.

Las actividades de la Comintern, gobernadas en todas las cuestiones fundamentales por los mismos dirigentes del partido que regían la política soviética en su conjunto, reflejarían la inquietud y la ambigüedad de las relaciones exteriores soviéticas en este período. En 1927 todavía figuraba de forma destacada entre las directrices de la Comintern el «frente único», que significaba la cooperación de los comunistas en los países capitalistas con otros partidos o grupos de izquierda para objetivos definidos. Pero en ese año, los dos experimentos de la táctica de frente único que más publicidad habían recibido, la alianza del Partido Comunista Chino con el Kuomintang y el comité sindical anglorruso, fracasaron con cierta ignominia (véanse las pp. 125, 137-138 *supra*). Los socios con los que se había buscado cooperación en estas empresas fueron denunciados como traidores; y el frente único, en el sentido dado hasta entonces al término, fue abandonado tácitamente. La ruptura se produjo en el momento de un brusco empeoramiento de las relaciones soviéticas con los países occidentales, cuando el temor a la guerra obsesionaba a los dirigentes soviéticos; y un giro a la izquierda de la Comintern parecía el resultado natural del derrumbe de las tácticas conciliatorias en la diplomacia soviética y en las relaciones de los partidos comunistas con otros partidos de izquierda en los países capitalistas. El hecho de que Stalin, tras haber derrotado a la oposición unificada, estuviera girando entonces a la izquierda en la política doméstica, y preparándose para enfrentarse a Bujarin y a la desviación de derecha, era una coincidencia que encajaba en el mismo cuadro.

A partir de 1928 la nueva línea dominaría las actuaciones de la Comintern. Los reconocimientos de que los países capitalistas habían alcanzado una fase de «estabilización», aunque «temporal», «relativa» e «inestable», se hicieron más escasos y restringidos. Los antagonismos de clase se estaban haciendo más agudos: «clase contra clase» era la consigna para el nuevo período. El frente único se interpretaba como «frente único desde la base», lo que significaba cooperar con la base de los partidos socialistas y socialdemócratas para derribar a sus dirigentes, corruptos y traidores. En julio de 1928, el VI Congreso de la Comintern —primero en cuatro años y el más largo de todos— distinguió tres períodos en su historia. El primero cubría el agudo fermento revolucionario de 1917-1921, y el segundo la recuperación del capitalismo entre 1921 y 1927. El tercer período, que inauguraba el congreso, era un período en el que las contradicciones siempre crecientes del capitalismo anunciaban su inminente decadencia y abrían nuevas perspectivas revolucionarias. Los peores enemigos del comunismo eran ahora los socialdemócratas contemporizadores. El delegado alemán los denominó con contundencia «socialfascistas». La resolución del congreso admitía que tenían ciertos puntos de contacto con la ideología del fascismo; y el nuevo programa de la Comintern adoptado por el congreso metía a la socialdemocracia y al fascismo en el mismo saco como agentes gemelos de la burguesía. Mientras el congreso estaba reunido, Litvinov estaba llevando cautelosamente al gobierno soviético hacia la entrada en el pacto Kellogg, que fue anunciada antes de que el congreso terminara. Ningún delegado del partido ruso mencionó en el congreso el pacto. Pero éste fue atacado por varios delegados de otros partidos, y en la prensa comunista de los países occidentales, como una máscara hipócrita para la agresión imperialista; y una de las resoluciones del congreso, sin mencionar el pacto, contenía una irónica referencia a la «abolición de la guerra» (entre comillas) como un ejemplo del «pacifismo oficial con el que los gobiernos capitalistas enmascaran sus maniobras». Cualquier aparente discrepancia entre la política gubernamental y la de la Comintern se explica, probablemente, por las incertidumbres y diferencias de opinión irresueltas entre los dirigentes soviéticos. Pero en este caso las dos líneas marchaban codo a codo, y el Narkomindel y la Comintern seguían sus propios caminos sin ningún sentimiento de incompatibilidad entre ellos.

La caída de Bujarin fue un factor que incidió en la proclamación del «tercer período» en 1928. Su enfrentamiento con Stalin había girado ante todo en torno a asuntos económicos. Pero su posición al frente de la Comintern había estado asociada con la política conciliatoria del frente único; y tras su caída en desgracia, la línea giró tanto más violentamente en la dirección opuesta. En los principales países capitalistas se diagnosticó una «situación objetivamente revolucionaria», antes incluso de que el comienzo de la crisis económica mundial diera cierta plausibilidad a esta tesis. La guerra revolucionaria de clases era el principal deber de los partidos comunistas. El término «socialfascistas», inventado en Alemania, sería aplicado ahora a todos los partidos «reformistas» dentro de la izquierda; buscar o tolerar cualquier compromiso con ellos significaba ser culpable de «oportunismo» y de «desviacionismo de derecha». Tales interdictos pusieron en una situación embarazosa a los partidos comunistas de Europa occidental. En Inglaterra y Francia no impedirían cierto apoyo encubierto de los comunistas a los candidatos laboristas y socialistas en las elecciones. Fue en Alemania donde se aplicaron con mayor rigor y con los resultados más desastrosos. El apoyo de los socialdemócratas alemanes al tratado de Locarno y a la orientación pro-occidental de la política alemana les ganó la hostilidad implacable del gobierno soviético y de la Comintern. La división entre el Partido Comunista y el Partido Socialdemócrata en Alemania se mantendría, y más tarde demostraría ser demasiado profunda para remediarse incluso ante el inminente peligro de la toma del poder por Hitler.

La ruptura con los otros partidos de izquierda supuso un golpe fatal para la práctica de organizar «frentes» internacionales en los que se invitaba a cooperar a la izquierda no comunista en apoyo a causas de interés común (véase la p. 122 *supra*). Münzenberg, el asiduo y versátil comunista alemán que promovía y dirigía estas empresas conjuntas, encontró necesario declarar en el VI Congreso de la Comintern que tales actividades no tenían «nada en común con una 'política oportunista', o una 'desviación de derecha'». Pero eran difíciles de reconciliar con las incontroladas injurias contra los socialdemócratas que eran ahora la norma en los partidos comunistas. Sólo resultaba aceptable una rígida adhesión a la Comintern. Incluso la Liga contra el Imperialismo, que en otro tiempo había cosechado éxitos espectaculares, se marchitaría en el nuevo clima; y resultaría imposible revivir el entusiasmo espontáneo que se había generado en torno a su congreso fundacional celebrado en 1927. Cuando dos años más tarde se reunió en Francfort el segundo —y último— congreso de la Liga, estuvo enteramente dominado por la delegación soviética, y los simpatizantes no comunistas no acudieron o lo abandonaron. La sociedad internacional de «Amigos de la Unión Soviética», fundada en las celebraciones del décimo aniversario de la revolución en Moscú, en noviembre de 1927, tuvo igualmente corta vida, sobreviviendo por más tiempo en Inglaterra que en ningún otro país. El último acto público ostensiblemente no partidario realizado bajo los auspicios de la Comintern fue el Congreso Antifascista que tuvo lugar en Berlín en marzo de 1929.

Una consecuencia de la nueva línea dura de la Comintern fue la aplicación de una estricta disciplina en los partidos comunistas. A partir de 1924, cuando se había proclamado como objetivo la bolchevización de los partidos extranjeros, la Comintern había tratado de tiempo en tiempo de influir en la selección de los dirigentes de estos partidos. Desde 1928 esta intervención se hizo directa y constante. En el otoño de ese año, el comité central del partido alemán, a causa de un escándalo financiero, decidió sustituir a su dirigente Thälmann, que debía en gran parte su ascenso al apoyo de Moscú. Las autoridades de la Comintern vetaron la decisión e impusieron su revocación. A comienzos de 1929, la Comintern organizó una escisión de prolongadas repercusiones en el partido polaco al instalar en la dirección al grupo más obediente a sus órdenes; y los dirigentes del partido norteamericano serían expulsados abruptamente tras una intervención personal de Stalin. Cambios similares se efectuaron más cautamente en los partidos francés e inglés. Una característica de la mayoría de estos cambios era un nuevo acento en la elección de dirigentes de origen impecablemente obrero —Thälmann en Alemania, Thorez en Francia, Pollitt en Inglaterra—, que parecía más acorde con la inclinación a la izquierda ahora dominante en la Comintern, y constituía una reacción contra las molestias causadas en el pasado por los intelectuales disidentes. Los obreros mostrarían en general ser más maleables en este sentido. Mientras los nuevos dirigentes eran celebrados normalmente como izquierdistas, y sus antecesores denunciados como derechistas, la piedra de toque fundamental de los nuevos nombramientos era una sumisión pronta e infalible a las directrices de Moscú.

Esta situación, sin embargo, crearía otro problema. Las decisiones de la Comintern eran en la práctica las decisiones del partido ruso. Podían ser impuestas, y lo fueron, a los partidos extranjeros, pero al precio de alienarse en los respectivos países a un número cada vez mayor de trabajadores, incapaces de responder a lo que parecían ser los dictados voluntaristas, y a veces claramente equivocados, de una potencia remota y extraña. A finales de los años veinte el movimiento comunista en los países occidentales declinaba en número e influencia, y atraía cada vez a menos simpatizantes. Los partidos inglés y norteamericano carecían de base de masas. En Alemania, Francia y Checoslovaquia se habían formado a partir de una escisión del movimiento obrero partidos comunistas de masas, pero éstos no habían llegado a dominar el movimiento. En todas partes el fortalecimiento de los vínculos que unían a los dirigentes del partido con Moscú debilitó su base obrera. Tales pérdidas sólo se compensarían cuando la política de Moscú cambiara radicalmente a mediados de los años treinta.

El acontecimiento más importante en las relaciones exteriores soviéticas de la segunda mitad de 1929 ocurrió en el Lejano Oriente. Tras el desastre de 1927, el gobierno soviético estuvo excluido durante dos años de toda participación en los asuntos chinos; y el Partido Comunista Chino quedó reducido a núcleos clandestinos dispersos en unas pocas ciudades importantes. En diciembre de 1927 los restos del partido, impulsados desde Moscú, intentaron a la desesperada un golpe militar en Cantón. Fue un fracaso sin paliativos, y condujo a una nueva matanza de comunistas y partidarios suyos. Aproximadamente por la misma época, el dirigente campesino comunista Mao Tse-tung y un general comunista, Chu Teh, reunían a una pequeña fuerza de unos pocos millares de fugitivos y campesinos sin tierra, en una inaccesible y remota región montañosa del suroeste de China; y un año después comenzarían a establecer su autoridad sobre el campo circundante, creando soviets campesinos. Mao profesaba una lealtad formal al partido y a la Comintern. Pero seguía su propio camino, y tenía poca comunicación con los dirigentes del partido, que desconfiaban de un movimiento que apoyaba sus esperanzas revolucionarias en los campesinos y no en los trabajadores urbanos. Mientras, Chiang Kai-shek, que no había mitigado en nada su hostilidad hacia los comunistas chinos y hacia la URSS, extendía la autoridad del gobierno nacionalista de Nankin sobre la mayor parte de China. Chang Tso-lin, el jefe militar de Manchuria, fue muerto en el verano de 1928; y a finales de ese año Chiang llegó a un acuerdo con el hijo y sucesor de Chang para reunificar China bajo la bandera del Kuomintang, pero manteniendo la autonomía de las provincias del Norte.

Estas provincias, colindantes con el territorio soviético, eran desde hacía mucho tiempo causa de ansiedad para Moscú. Aquí el Ferrocarril Oriental Chino (FOCh), obra y propiedad del gobierno prerrevolucionario ruso en territorio chino, había venido siendo una manzana de la discordia entre ambos países (véase la p. 132 *supra*). Los acuerdos diplomáticos para la inclusión de una representación china en su consejo de administración no evitaron una sucesión de crisis en torno al control del ferrocarril. Pero durante tres años había prevalecido una cierta calma cuando, en la primavera de 1929, las autoridades chinas lanzaron una serie de ataques contra la línea. El 27 de mayo realizaron una incursión en el consulado soviético en Harbin, cuartel general del FOCh, deteniendo a los funcionarios e incautándose de documentos: una réplica a pequeña escala de la incursión realizada dos años antes en la embajada soviética en Pekín. Las declaraciones de Nankin dejaron poca duda de que los ataques habían sido inspirados por Chiang Kai-shek y constituían un primer paso para apoderarse del ferrocarril. Finalmente, el 10 de julio las autoridades chinas ocuparon las instalaciones del ferrocarril, clausuraron la delegación comercial y otros establecimientos soviéticos en Manchuria, detuvieron al director general soviético del ferrocarril, y le expulsaron, junto con otros sesenta funcionarios soviéticos, del territorio chino. El gobierno soviético, tras protestar en vano contra estas medidas arbitrarias, retiró su personal del FOCh, suspendió las comunicaciones por ferrocarril con China, y exigió la salida de la URSS de todos los funcionarios chinos.

Chiang Kai-shek había supuesto que, como había sucedido en 1927, el gobierno soviético protestaría airadamente, pero no querría ni podría hacer nada. Este fue un grave error de cálculo. Los intereses soviéticos en China central nunca habían sido sustanciales, y nada se podía hacer para defenderlos; y la derrota de 1927 fue humillante, pero no materialmente desastrosa. Pero perder la posición histórica de Rusia en Manchuria, y abandonar el ferrocarril que había sido construido con capital e ingenieros rusos, y que constituía el enlace directo con Vladivostok, el único puerto soviético en el Pacífico, habría sido un golpe tremendo. Además, el Ejército Rojo se había convertido ya en una efectiva fuerza de combate. No estaba equipado para una guerra de importancia, pero, una vez que Japón manifestó su neutralidad en la presente disputa, resultaba un contrincante definitivo para las levas chinas, mal suministradas e indisciplinadas, que habían venido luchando entre sí en suelo chino. Chiang parece haber supuesto también que las potencias occidentales serían en 1929 tan favorables a sus acciones contra la URSS como lo habían sido dos años. Y esto fue otro error de cálculo. El miedo al comunismo había disminuido, y el gobierno laborista británico estaba a punto de reanudar las relaciones con la URSS. La agresividad de Chiang parecía otro caso de algo con lo que las potencias occidentales estaban demasiado familiarizadas: la violación por los jefes militares chinos de los derechos establecidos en tratados exteriores; y por primera vez las simpatías occidentales se inclinaron del lado soviético.

El gobierno soviético se negó firmemente a negociar sobre cualquier base que no fuera la total retirada de las medidas adoptadas el 10 de julio y el restablecimiento de los derechos soviéticos sobre el FOCh. En agosto, Bliujer fue nombrado comandante de un ejército oriental reformado. Incursiones esporádicas a través de la frontera daban cuenta de la creciente impaciencia soviética; y en noviembre, en vista de que estos alfilerazos no impresionaban a las autoridades chinas, el Ejército Rojo emprendió una amplia ofensiva en territorio chino, dispersando a las fuerzas chinas locales y capturando dos pequeñas ciudades. Esta vez la advertencia fue atendida, y comenzaron negociaciones en serio. El 22 de diciembre se firmó un protocolo que reponía al director general soviético del FOCh y a los restantes funcionarios soviéticos, restablecía el *status quo ante* y reservaba las cuestiones en disputa para una conferencia ulterior. El Ejército Rojo había puesto de manifiesto la impotencia de los jefes militares chinos. La URSS había emergido como una fuerza militar y diplomática en el Lejano Oriente, y había establecido vínculos de interés común con las potencias occidentales. Esto representaba un cambio decisivo en las relaciones exteriores soviéticas.

El disperso, perseguido y desesperanzado Partido Comunista Chino no desempeñó ningún papel en estos acontecimientos. Siguiendo instrucciones de la Comintern, su comité central lanzó la consigna de «Defensa de la Unión Soviética», y aumentó sus denuncias del gobierno de Nankin. Sin embargo, lo que se veía desde Moscú como una flagrante amenaza a la seguridad soviética aparecía ante los ojos de algunos chinos patriotas como una acción para liberar territorio chino del control extranjero, es decir, soviético. Ch'en Tu-hsiu, que había sido depuesto de la dirección del partido tras los desastres de 1927, fue expulsado ahora del partido por hacerse eco de estos problemas, y posteriormente se proclamó partidario de Trotski. Aquí como en todas partes, la Comintern podía imponer la disciplina, pero no podía dar vida a las debilitadas filas del partido, cuya impotencia en los centros urbanos ya no podía encubrirse. Sólo los seguidores campesinos de Mao Tse-tung y los soviets locales patrocinados por ellos podían orgullecerse de cierta actividad revolucionaria realizada con éxito. Pero estos éxitos estaban reducidos a un remoto rincón de China, y sus dirigentes se limitaban en el mejor de los casos a una hipócrita aceptación verbal de las decisiones del partido y de la Comintern. Por mucho que el movimiento comunista chino debiera a la inspiración y el ejemplo rusos, sobreviviría, y en último término triunfaría, en formas no planeadas ni vistas con buenos ojos por Moscú.

19. La revolución en perspectiva

Cuando Lenin proclamó en sus Tesis de Abril que la revolución de febrero de 1917 no era simplemente una revolución burguesa, sino que marcaba una transición, encabezada por los obreros y los campesinos pobres, hacia la deseada revolución socialista del futuro, dio una respuesta inteligente a las tumultuosas condiciones que prevalecían a su regreso a Petrogrado. La burguesía rusa, débil y retrasada en comparación con sus contrapartidas occidentales, no tenía la fuerza económica, la madurez política, la independencia ni la coherencia interna necesarias para ejercer el poder. Por otra parte, la concepción de una alianza entre el proletariado y la burguesía para completar la revolución burguesa era un puro mito. El proletariado, una vez convertido en una fuerza efectiva, no podía instalar en el poder a un régimen burgués cuya función sería explotar su trabajo. La burguesía no podía aceptar la alianza con un proletariado cuyo objetivo final sería destruirla. Cuando Lenin intentó escapar de este callejón sin salida poniendo sobre los hombros del proletariado, apoyado por los campesinos pobres, el peso de completar la revolución burguesa a la vez que de comenzar la revolución socialista, no creyó sin duda que había abandonado el esquema marxista de dos revoluciones sucesivas y separadas, sino que lo estaba adaptando a condiciones especiales. Pero esta solución, que se convertiría en el programa de la revolución de octubre, tenía su talón de Aquiles. Marx había previsto una revolución socialista que se desarrollaría sobre la base de un capitalismo y una democracia burguesa establecidos por una revolución burguesa previa. En Rusia esta base era rudimentaria o inexistente. Lenin se planteaba la construcción del socialismo en un país económica y políticamente atrasado. El dilema sólo tenía solución si se asumía que la revolución se convertiría en internacional, y que el proletariado europeo se alzaría contra sus amos capitalistas, creando aquellas condiciones para el avance hacia el socialismo de las que carecía Rusia aisladamente. El socialismo instalado por la revolución en un país en que el mismo proletariado era económicamente atrasado y numéricamente débil no era, y no podía ser, el socialismo predicado por Marx y Lenin como resultado de una revolución del proletariado unido en los países económicamente avanzados.

Desde el principio, por consiguiente, la revolución rusa tuvo un carácter híbrido y ambiguo. Marx señaló que el embrión de la sociedad burguesa se había formado en la matriz del orden feudal, estando ya maduro cuando la revolución burguesa lo había instalado en el asiento del poder. Se suponía que algo análogo sucedería con la sociedad socialista antes de la revolución socialista. En un aspecto —pero sólo en uno— esta expectativa se cumpliría. La industrialización y la modernización tecnológica, logros muy destacados de la sociedad capitalista, eran también importantes condiciones previas del socialismo. Mucho antes de 1914 las economías capitalistas del mundo occidental habían comenzado a superar los límites de la producción en pequeña escala por empresarios individuales, sustituyéndola por la producción en unidades de grandes dimensiones, dominantes en la escena económica y envueltas, queriendo o sin quererlo, en el ejercicio del poder político. El propio capitalismo estaba borrando ya la divisoria entre economía y política, abriendo el camino para alguna forma de control centralizado y sentando las bases sobre las que podría construirse una sociedad socialista.

Estos procesos alcanzarían un clímax en la primera guerra mundial. El estudio de la economía de guerra alemana inspiraría la observación de Lenin en el verano de 1917 de que «el capitalismo monopolista de Estado es la más completa preparación *material* del socialismo»; y pocas semanas después añadiría, de forma algo arbitraria, que «la mitad material, económica» del socialismo se había realizado en Alemania «bajo la forma del capitalismo monopolista de Estado». Las contradicciones del capitalismo ya habían producido, dentro del orden capitalista, el embrión de la economía planificada de la URSS. Este hecho ha conducido a algunos críticos a describir lo realizado bajo la planificación soviética como «capitalismo de Estado». Tal planteamiento parece insostenible. Un capitalismo sin empresarios, sin desempleo y sin un mercado libre, en el que ninguna clase se apropia el plusvalor producido por el obrero y las ganancias desempeñan un papel puramente subsidiario, en el que los precios y los salarios no están sometidos a la ley de la oferta y la demanda, ya no es capitalismo en ningún sentido significativo. La economía planificada soviética fue reconocida en todas partes como un desafío al capitalismo. Era «la mitad material, económica» del socialismo, y era un resultado fundamental de la revolución.

Sin embargo, si bien sería estúpido negar a esta conquista el título de «socialista», sería igualmente equivocado pretender que constituía una realización de la «libre asociación de los productores» de Marx, o de la dictadura del proletariado, o de la transitoria «dictadura democrática de los obreros y campesinos» de Lenin. Tampoco satisfacía la exigencia de Marx de que «la emancipación de los trabajadores debe ser obra de los trabajadores mismos». La revolución industrial y agraria soviética cae de lleno en la categoría de una «revolución desde arriba», impuesta por la autoridad conjunta del partido y del Estado. Las limitaciones del «socialismo en un solo país» se revelaron plenamente. La visión de un proletariado preparado y educado que había crecido dentro de la sociedad burguesa como la burguesía dentro de la sociedad feudal no se realizó, y menos aún en la retrasada Rusia, donde la clase obrera era pequeña, estaba oprimida y desorganizada y no había asimilado siquiera ninguna de las libertades condicionales de la democracia burguesa. El pequeño núcleo de obreros con conciencia de clase desempeñó un papel fundamental en la victoria de la revolución. Pero la tarea de organizar y administrar los amplios territorios incorporados a la república soviética exigía una forma de organización más compleja y elaborada. El partido de Stalin, un cuerpo disciplinado encabezado por un grupo pequeño y fiel de intelectuales revolucionarios, ocupó el lugar vacante, y dirigió la política del régimen con métodos que, tras la muerte de Lenin, se hicieron cada vez más abiertamente dictatoriales y menos dependientes de su base proletaria. Procedimientos a los que en principio se había recurrido limitadamente, en medio de las pasiones y las atrocidades de la guerra civil, darían origen gradualmente a un vasto sistema de purgas y campos de concentración. Si los fines podían ser descritos como socialistas, los medios utilizados para alcanzarlos eran a menudo la misma negación del socialismo.

Esto no significa que no se hiciera ningún avance hacia el más elevado ideal del socialismo, la liberación de los trabajadores de las opresiones del pasado y el reconocimiento de su papel igual en un nuevo tipo de sociedad. Pero el progreso fue titubeante, y estuvo quebrado por una serie de calamidades y retrocesos, evitables unos y otros inevitables. Tras los estragos y escaseces de la guerra civil vino un breve respiro en el que el nivel de vida, tanto de los obreros como de los campesinos, despegó lentamente algo por encima de los miserables niveles de la Rusia zarista. Durante la década que comenzó en 1928 estos niveles se redujeron una vez más bajo las intensas presiones de la industrialización; y los campesinos debieron atravesar los horrores de la colectivización forzosa. Apenas había comenzado una recuperación cuando el país se vio expuesto al cataclismo de una guerra mundial, en la que la URSS fue el blanco de la más duradera y devastadora ofensiva alemana en el continente europeo. Estas aterradoras experiencias dejarían su marca, material y moral, sobre la vida soviética y sobre las mentes de los dirigentes y el pueblo soviéticos. No todos los sufrimientos del primer medio siglo de la revolución pueden atribuirse a causas internas o al puño de hierro de la dictadura estaliniana.

Sin embargo, en los años cincuenta y sesenta comenzaron a madurar los frutos de la industrialización, la mecanización y la planificación a largo plazo. Según los criterios occidentales quedaban aún muchos aspectos primitivos y retrasados. Pero los niveles de vida mejoraron sustancialmente. Los servicios sociales, incluyendo la sanidad y la enseñanza primaria, secundaria y superior, se hicieron más efectivos y se difundieron desde las ciudades a la mayor parte del país. Los más notorios instrumentos de la opresión de Stalin fueron desmantelados. El patrón de vida de la gente ordinaria mejoró. Con la celebración del quincuagésimo aniversario de la revolución, en 1967, fue posible hacerse una idea de la magnitud del avance. En ese medio siglo la población de la URSS creció de 145 millones a más de 250; la proporción de la población residente en las ciudades había subido de menos del 20 a más del 50 por 100. Esto significaba un inmenso crecimiento de la población urbana, en la que la mayor parte de los recién llegados eran hijos de campesinos y nietos o bisnietos de siervos. El obrero soviético, e incluso el campesino soviético, era en 1967 una persona muy diferente de lo que habían sido su padre o su abuelo en 1917. Difícilmente podía dejar de ser consciente de lo que la revolución había hecho por él; y eso pesaba más que la ausencia de unas libertades que nunca había disfrutado ni soñado en disfrutar. La dureza y la crueldad del régimen eran reales. Pero también lo eran sus logros.

Fuera de Rusia, el efecto inmediato de la revolución fue una aguda polarización de las actitudes occidentales entre la izquierda y la derecha. La revolución suponía una pesadilla para los conservadores y un faro de esperanza para los radicales. La creencia en esta dicotomía fundamental inspiró la fundación de la Comintern. Pero en la revolución internacional concebida por Marx y Lenin como un movimiento de masas del proletariado europeo unido, ningún marxista habría reclamado un papel predominante para el débil contingente ruso. Cuando la revolución europea no llegó a materializarse, y cuando el socialismo en un solo país se convirtió en ideología oficial del partido ruso, la exigencia cada vez más enérgica de tomar a la URSS como ejemplo de realización socialista, y a la Comintern como depositaria de la ortodoxia socialista, condujo a una nueva polarización de la izquierda entre el Este y el Oeste. Los comunistas y los socialdemócratas o socialistas se enfrentaron entre sí, primero como recelosos aliados y después como abiertos enemigos, situación que Moscú atribuyó equivocadamente a la traición de unos dirigentes renegados. El hecho de que no se pudiera encontrar un lenguaje común era un síntoma del distanciamiento. La revolución internacional, tal y como se la concebía en Moscú desde 1924, era un movimiento dirigido «desde arriba» por una institución que afirmaba actuar en nombre del único proletariado que había llevado a cabo una revolución victoriosa en su propio país; y el corolario de esta reorientación era asumir no sólo que los dirigentes rusos poseían el monopolio del conocimiento y la experiencia sobre la forma en que se podía hacer una revolución, sino que el primer y decisivo interés de la revolución internacional era la defensa del único país en donde la revolución se había realizado efectivamente. Ambas hipótesis, y las políticas y procedimientos dictados por ellas, resultarían totalmente inaceptables para una mayoría de los trabajadores de Europa occidental, que se creían mucho más avanzados, económica, cultural y políticamente, que sus retrasados equivalentes rusos, y que no podían cerrar sus ojos ante los aspectos negativos de la sociedad soviética. La persistencia en estas políticas solamente provocó el descrédito, a los ojos de los trabajadores occidentales, de las autoridades de Moscú, de los partidos comunistas nacionales obedientes a ellas, y finalmente de la propia revolución.

Las relaciones con los países atrasados no capitalistas se desarrollaron de forma muy distinta. Lenin fue el primero en descubrir un vínculo entre el movimiento revolucionario para la liberación de los trabajadores de la dominación capitalista en los países avanzados y la liberación de las naciones atrasadas y sometidas a la dominación imperialista. La identificación de capitalismo e imperialismo sería el fructífero tema de la propaganda y la política soviéticas en casi toda Asia, y obtendría su éxito más notable al estimular la revolución nacional china a mediados de los años veinte. Al irse consolidando la posición de la URSS, su prestigio como patrón y dirigente de los pueblos «coloniales» creció rápidamente. La URSS había logrado, con la revolución y la industrialización, un aumento espectacular de su independencia económica y su poder político: un logro digno de envidia y emulación. Fuera de Europa, incluso las exageradas pretensiones de la Comintern tenían sentido. La defensa de la URSS, lejos de aparecer como una excrecencia perturbadora en el programa de la revolución, significaba la defensa del aliado más poderoso de los países atrasados en su lucha contra los países imperialistas avanzados.

Y los métodos que provocaban repulsión en países donde se había producido la revolución burguesa, y habían crecido fuertes movimientos obreros dentro del marco elástico de la democracia liberal, no resultaban demasiado repugnantes en países en los que la revolución burguesa era todavía una cuestión pendiente, la democracia burguesa era una visión sin sustancia, y no existía todavía un proletariado de dimensiones significativas. Allí donde las masas hambrientas y analfabetas no habían alcanzado todavía el estadio de la conciencia revolucionaria, una revolución desde arriba era mejor que nada. Mientras en el mundo capitalista avanzado el fermento generado por la revolución rusa fue ante todo destructivo, sin proporcionar un modelo constructivo para la acción revolucionaria, en los países atrasados no capitalistas demostró poseer mayor capacidad de penetración y ser más productivo. El prestigio de un régimen revolucionario que, en gran parte a través de sus propios y solitarios esfuerzos, había alcanzado el estatus de gran potencia industrial, le convirtió en dirigente natural de la revuelta de los países atrasados contra la dominación mundial del capitalismo occidental, que antes de 1914 no había encontrado prácticamente resistencias; y en este contexto parecían irrelevantes los borrones que manchaban sus credenciales ante los ojos occidentales. A través de la revuelta del mundo atrasado no capitalista, la revolución presentó a las potencias capitalistas un nuevo desafío cuya fuerza aún no se ha agotado. La revolución rusa de 1917 quedó muy por debajo de los objetivos que se había fijado y de las esperanzas que despertó. Su trayectoria fue imperfecta y ambigua. Pero ha producido repercusiones más profundas y más duraderas en todo el mundo que cualquier otro acontecimiento histórico de los tiempos modernos.

Indice